120年後の約束

企画・原作
YOU biz（ユービズ）

作画
高倉みどり

監修
溝口史剛 医学博士・前橋赤十字病院小児科副部長

contents

☆この作品は、複数の医療機関・関係者に取材した事実に基づいて書かれた物語です。
実在の人物・団体・事件等にはいっさい関係がありません。

初出　officeYOU 2019年1月〜3月号、5月〜9月号

はじめに

「我々の子どもの、子どもの、子どものために…これから3世代、１２０年以内に子ども虐待を終わりにしよう」

全米子ども虐待トレーニングセンターのヴィクター・アイ・ヴィースさんの言葉です※1。

この本の企画・原作をになった「ＹＯＵ《ユー》 ｂｉｚ《ビズ》」は、子ども虐待のない社会を作るために、自分にできる限りの仕事をしたいという思いを抱いた編集者たちが結成したチームです。すべてを短期間で解決するのは難しいかもしれない。でも、この言葉のように3世代が交代する「１２０年後」には子ども虐待がなくなってほしいと考え、この本のタイトルを『１２０年後の約束』としました。
子ども虐待の究極の形は子どもの虐待死です。「子ども虐待による死亡事例等の検証結果等について」の第1次から15次報告※2を見ると、心中以外で虐待死した779人の子どものうち0歳が373人（47．9％）でした。そのうち0日は149人、0か月は24人で、生まれてすぐに命を落としています。また、虐待死した子どもの数は厚生労働省統計の3倍から4倍ある、との報告※3があり、私たちが報道で知る以上に多くの子どもが亡くなっていることがわかってきました。
「子どもが虐待で死ぬときは、子どもも親もが社会から見捨てられている（中略）命を守れず存命中に援助をできなかった子どもに、死後私たちがせめてできることは、その死から最大限に学び、同じ体験をする子どもをなくすための気づきを得て全力を尽くすことしかない」
イギリスの研究報告書「子どもが虐待で死ぬとき」※4を日本語に監訳した小林美智子医師は、まえがきにこう書いています。
このような現実に対して、私たちには「それぞれにできること」があります。多くの人たちと様々な場面、場所で力を合わせ、子どもと家族を守れる社会を作ろう。そのような願いを込めて、ここに『120年後の約束』をお届けします。

YOU biz

※1
「Unto the Third Generation :A Call to End Child Abuse Within 120 Years」Victor I Vieth
病院内子ども虐待対応組織（CPT：Child Protection Team）構築・機能評価・連携ガイド・運営マニュアルにて引用掲載

※2
「子ども虐待による死亡事例等の検証結果等について」厚生労働省社会保障審議会児童部会児童虐待等要保護事例の検証に関する専門委員会

※3
パイロット4地域における、2011年の小児死亡登録検証報告―検証から見えてきた、本邦における小児死亡の死因究明における課題」
日本小児科学会雑誌
120巻3号　662〜672　2016年

※4
「子どもが虐待で死ぬとき　―虐待死亡事例の分析―」
ピーター・レイダー　シルヴィア・ダンカン著
小林美智子　西澤哲監訳
明石書店　2005年

第１話
親ってなんですか 一 前編

カーン
カーン
飛び込んできたSOSメール
ガ
カーン
カーン
カーン
カーン
カーン
保健師の八《や》尋《ひろ》倫《りん》子《こ》がこのアパートを訪問したきっかけは
母親から寄せられたメールだった
件名　ご相談
9か月の女の子の母親です。娘がいつになってもお座りができないので、悩んでいます。
ハイハイもできません。
どうやって育てたらいいのかわかりません。
泣きやまないと手を上げたくなり、
自分を止められなくなったらどうしようと怖くなります。
誰かに相談したいと思っても、引っ越してきたばかりなので
この街には知り合いもいません。
誰かひとりでいいから、私を受け入れてほしいと思います。
でも誰かと友だちになる勇気がありません…

泣きやまないと手を上げたくなり、
自分を止められなくなったらどうしようと怖くなります。
誰かに相談したいと思っても、引っ越してきたばかりなので
最近 この市に引っ越してきた浅賀《あさか》吉埜《よしの》は20歳の若さで
生後9か月の女児ななみを子育てしているという
ヒュウゥー
知らない街で…
どんなに心細い思いをしてるだろう…
先週日曜日の深夜に市の相談窓口にメールが入り
翌月曜日には家庭児童相談室の担当者が家庭訪問した
実際に記載された居住地に2か月前から住んでおり
保健センターに連絡が入ったのだった
ギシ
ギシ
15年以上のキャリアを持つ八尋は急いで家庭訪問の計画を組んだ
約束の時間は午後3時
わぁあ〜ん…

※家庭児童相談室は、市の福祉事務所に設置されている、子育ての相談を受けたり援助を行う組織で、保健センターと連携しています。

浅賀
ピンポーン
チャイムを押したがドアは開かない
数えきれない程の家庭訪問をしてきた経験が警鐘《アラーム》を鳴らす
泣き声!?
201
浅賀
わぁーーん
あぁーーん…
わぁあぁー
!
子供がひとりでいるのかしら?
それとも母親に何かあった!?
センターに連絡して浅賀さんと連絡とるようにしなくては……
ギシ
ギシ
ギシ

浅賀さん？
コクン
保健センターの八尋です
相談のメール寄せてくれてありがとうございます
ところであの…
泣き声が聞こえますけど お子さんは中に？
わああん
あ〜ん
わぁ〜ん
わあああん
あ〜
……泣き止まないんですよ
表情が動かなかった
感情が読み取れない
ガチャ

わああーーんわああ
ぎゃあぁーーん
ぎゃあぁ
あーーん
わあああーーん
ぎゃあぎゃあわああああ
ぎゃあ
あぁーーんあー
わああ
ベビーベッドに横になっていたななみは
ぎゃああ
あぁ
八尋を見て驚いたのか泣き声が小さくなった
あぁ
あ～
ひっく
外出ひとりでしているの？
………階段が急で…
うう
あぁ
荷物が多いと上るのがきついし両手もふさがるし
ひとりの方がいいんです
まだ柵の外に出られないから
置いて行っても大丈夫です
ご主人は？

仕事です……
自信なさそうに言葉を選びながら話をする
ななみちゃんお座りとかハイハイとかどうですか？
……
何にもできないんですよ
どうしてなんだろう
同じくらいの子どもはつかまり立ちもしていますよね……
このくらいの月齢の赤ちゃんて発達はそれぞれだから
あんまり気にしなくていいと思うけど
でも子育てしていると悩んだり
心配になることってありますよね

八尋の落ち着いた声
懐の深さと温もりを感じさせる笑顔に
吉埜が少しだけ肩の力を抜いた感じが伝わってきた
人と接するのが苦手みたいね…
メールという間接的な連絡方法があったから
SOSが出せたのかもしれない…
八尋には看護師として病床数600ほどの総合病院に勤務した経験があった
地域の要であったその病院にはさまざまな病気やけがをした人たちが大勢やってきた
仕事にやりがいを感じあっという間に10年近くが過ぎた
だが日々働き続けているうちに
彼女の目は予防に向いていった
病気もけがも前もって関われば予防できることがたくさんあった
特に彼女の心を強く動かしたのは
子どもに暴力をふるったり養育を放棄した親や養育者たちとの出会いだった
多くの場合複数の事情を抱え育児に困難を感じていた
だが困っていることをひとつひとつ解決していくことで
危機を乗り越えられることが多かった

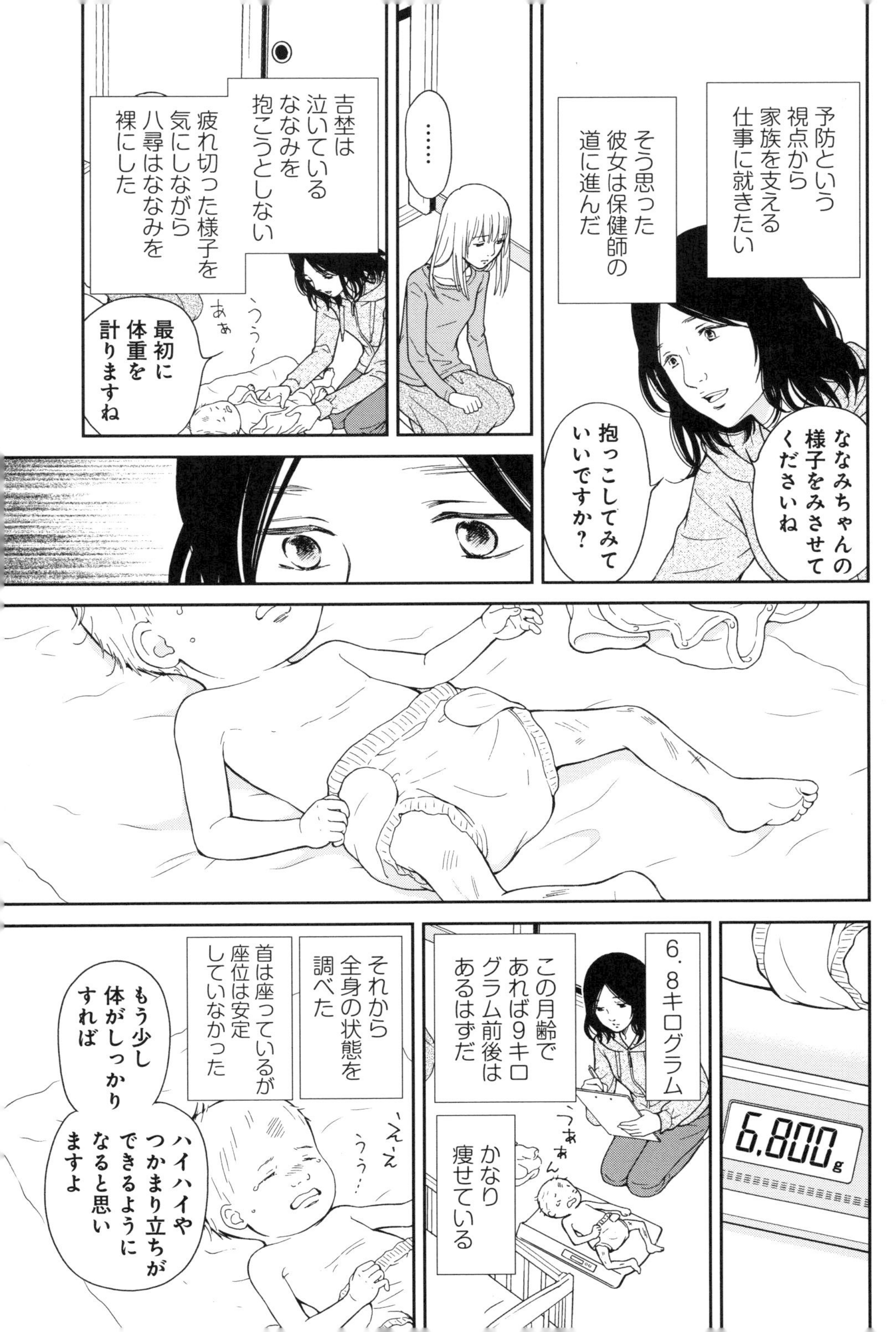
予防という視点から家族を支える仕事に就きたい
そう思った彼女は保健師の道に進んだ
ななみちゃんの様子をみさせてくださいね
抱っこしてみていいですか？
……
吉埜は泣いているななみを抱こうとしない
疲れ切った様子を気にしながら八尋はななみを裸にした
うう～
あぁ
最初に体重を計りますね
6,800g
6.8キログラム
この月齢であれば9キログラム前後はあるはずだ
かなり痩せている
ふぁあん
それから全身の状態を調べた
首は座っているが座位は安定していなかった
ええ
うう…
もう少し体がしっかりすれば
ハイハイやつかまり立ちができるようになると思いますよ

ところで離乳食は進んでいますか？
この子すごく難しいんです
食べるのを嫌がるし無理に食べさせると吐き出しちゃうし
大変で……
市販のベビーフードと粉ミルクを併用しているという
離乳食を作るのも食べさせるのも母親にとって負担がかかることがある
離乳食の壁と表現されることもあるほどで
大変ですよね離乳食を食べてくれないって
他のお母さんたちも苦労されていますよ
八尋は苦労をねぎらった
ただ…
ななみちゃんの体重が同じ月齢の子どもに比べて少ないので心配なんです
急いでお医者さんに診《み》ていただきましょう
発達についても心配していることを病院に伝えて検査していただくといいと思います

……
市の病院に連絡してきます
すぐに戻りますからね
一般外来の時間は終わっていたが
八尋は迷わず医療福祉相談室の神流《かんな》ひとみを呼び出し
母親の子育てに対する不安が強く子どもの発達に心配があり
月齢より体重が少ないことが重なっているので早急に受診したいと相談し父親にも連絡した
神流はメディカル・ソーシャル・ワーカーとして働いている
メディカル・ソーシャル・ワーカー(Medical Social Worker)は頭文字を取ってMSWと呼ばれている
大学や専門学校で社会福祉を学び社会福祉士や精神保健福祉士などの資格を持ち
医療や福祉についても精通している専門職である

連絡がつきましたよ
市立病院の救急外来に一緒に行きましょう
八尋はこれまで心配がある母親や子どもに出会うとすぐに神流に連絡してきた
病院に出向いて気軽に立ち話もする間柄で
ななみについても病院でどう対応するか神流が調整を引き受けてくれるはずだった
吉埜はSOSを出してくれた
幼く不安そうで困っている
保健師として吉埜とななみを支えなければならない
市の保健師の勤務時間は午前8時半から午後5時までと決められているが
人と関わる仕事は定規で線を引くように終わらない
彼女は帰りが5時過ぎになることをセンターへ連絡した

ななみちゃん様子はどうですか？
さっき指示があった全身骨撮影の結果が出ています
読影してもらえますか？
FASTリーダーで小児科医の一村《いちむら》孝《こう》太郎《たろう》はまだ院内で仕事をしていた
この日は当直の小児科医がななみの診察に当たったがいくつかの検査結果を確認してほしいと連絡を受けたのだった
わかりました画像出してみて
ななみの頭蓋骨胸郭・頚椎・大腿骨上腕骨・手指骨など細かく分けて撮影されたX線写真を読影していく
RRRR
放射線科の医師からだった
同時に放射線科の読影室で映像を確認してくれていた
一村先生
少なくともこの画像では明らかな損傷はなさそうですね

ただ
いつものように
2週間後の
再撮影を
お願いします
ありがとう
ございました
ではまた
再撮影したら
相談させて
ください
よろしく
お願いします
ほっ…
全身の骨のレントゲン撮影は言葉で痛みや症状を伝えられない2歳未満の子どもに対して行うよう推奨されている
ななみの額は赤くなっており足のすねにも小さなアザと傷があった
程度は軽くどれもぶつけやすい部位にできていた
だがハイハイができないような発達段階で多くのアザを負っている点が気になった
このような場合は念のため骨の損傷を疑って全身の骨を検査する必要があった
特にななみのように体の見えるところにあざや傷が複数あった場合
突発的な暴力によるものである可能性も考えなければならなかった
その場合は緊急性が高い

八尋からは吉埜に了解を得て市にSOSメールを寄せてくれたケースだと伝えられてきており
一村はいつものように慎重に歩を進めた
彼は子育てに迷いかっとなり子どもを傷つけたり
放置するに至った事例をいくつも経験していた
背景には親や養育者自身が抱える問題や夫婦間の不和子どもについての過度の心配
ひとり親家庭経済的困窮社会からの孤立などの様々な事情が折り重なっていた
そうした人たちを支援するためにも子どもの体と命を守るためにも
医学的に判断し
重症化する前に病院として支援に入ること
それが小児科医の切実な思いだった

一村が勤務する
この病院は
病床数約700
3次救急病院
として高度な
医療を提供し
大学病院に匹敵
する診療科と
医師数を
擁していることで
知られている
中でも小児科は
小児医療センターを持ち
小児科 新生児科
小児外科
小児心臓血管外科の
4科を有し30名近い
小児科医が在籍している
全国で医師不足が
深刻化する中
これだけの医師を
集めていること自体が
医療水準の高さを
物語っていた
●●市医療センター
一村は
医師12年目
小児科の神経
領域の専門医で
院内の公認組織
FAST
(ファミリー・
サポート・
チーム)の
リーダーでもある
チームは
一村を含む
小児科医2名
小児救急看護
認定看護師2名
MSW2名で
構成されており
子ども虐待の
発見と対応
家族支援
子育て支援などを
行っている
このような院内組織は
チャイルド・プロテ
クション・チーム(CPT)
と総称されており
2018年現在
全国の小児科が
設けられている
地域の中核的病院では
94.3%に設置
されている※

※5類型施設・臓器移植法後 2018年論文
Child Abuse&Neglect79 (2018) 11-21

診察室
浅賀さーん 八尋さんも 中にどうぞ
一村は小児神経の 専門医である ことを自己紹介して 診察を始めた
確かに体が しっかりして いない
体重は6.8 キログラム 9か月児の平均は 9キログラム弱 7キログラム以下で あれば病気が 隠れているか
あるいは子育ての 知識不足から 養育の過誤が 起こっているの かもしれない
おでこに ぶつけたような 痕があったので ほかに思わぬ損傷が ないか
念のため 全身のレントゲン 検査をしましたが
幸い特に 問題は ありません でした
ただお母さんも 心配されて いるように
発達がすこし ゆっくりな ようです
体重もあまり 増えていないので
1週間ほど 小児科に入院 していただいて 詳しい検査を したいのですが
よろしい ですか？

実際ななみの医学的な体の異常を調べるために
小児科に入院させて詳しい検査をする必要があった
それだけではなく吉埜の気持ちを聞いて寄り添い今後の支援を行う信頼関係を築くためにも入院が必要だった
時間外の外来では診察に十分時間をかけられず
親子の関係も見られない
吉埜たちを送り出すと彼は
診察サポートをしていた看護師の花井《はない》早希《さき》と話し合いを行った
彼女は小児救急看護認定看護師でFASTの一員でもある
お母さんに入院について説明をしてください
それから額の発赤とすねの傷について
どんな風にできたのか もう一度経緯を聞いてくれますか

マルトリートメントを心配しています
明日のFAST会議で様子を報告してほしいんです
彼は取り組みを進めれば進めるほど「子ども虐待」という言葉そのものが親を追い詰めることを経験していた
日本ではChild Abuseという言葉を「児童虐待」と訳した
そして大きく
●身体的虐待
●心理的虐待
●ネグレクト
●性的虐待
の4種類に分けたのだが「虐待」には残酷な行為をするという意味があり苦しみながらも子育てに向き合う親の努力を否定してしまう
Child Abuseを直訳すると「子どもの乱用（濫用）」であり
子どもに対して大人の権力や欲求を乱用する 誤って使い 子どもを傷つけることを意味している
専門家の間ではChild Abuseを「不適切な養育」と呼ぶか
同義の「子どものマルトリートメント（Child Maltreatment）」がふさわしいと言われてきた※
一村自身も「子ども虐待」ではなく英語のアビューズ（Abuse）
またはマルトリートメント（Maltreatment）という言葉を使うことが多かった

※Abuseの「Use」という言葉には作為性があり、不作為のネグレクトをうまく表現できていないことから、Maltreatmentと表現されることが多くなっています。

FAST会議
MSWの神流からFAST会議を行う場所と時間の連絡があったのは
翌日の昼前だった
吉埜への支援をどうするかFASTメンバーを召集してほしいと一村から要請していたのだ
神流が時間を調整し
会議は午前中の外来診療が終わる時間に診察室で行うことにした
参加者は花井と神流そして一村
緊急の会議はメンバー6名のうち3名が参加すれば成立する規則になっている
救命救急センターに重篤な子どもが運び込まれるのは
夜から翌未明にかけてが多い傾向にある
今回は一村自身が診察を行ったが彼が立ち合わないケースでも
フローチャートに従って 虐待が疑われるケースは全て一村に連絡が入ることになっていた

そういう場合夜の出来事なら翌日
未明ならその日の午前中にMSWが可能な限り社会的な情報を収集し
医師による医学診断も加えてFAST会議を開く
会議と言っても緊急でありそれぞれ仕事を持っている関係で集まれる時間に集まれる場所でということが多かった
診察室
こちらに引っ越してこられる前に住んでいた市の
担当課と保健センターに電話を入れました
神流は市町村に問い合わせて聞きとった初期情報を話し始めた

MSWには病院内すべての部署からの情報が集まる
通院や入院患者に支援が必要だと判断すれば市町村や保健センターなどに連絡して社会的な情報を集め
子どもの保護をめぐっては相談所や市町村の担当課・警察とも連絡を取りあう
病院内情報
保健センター
MSW
児童相談所
市町村担当課
警察
病院にやってきた患者や家族が地域に帰ったときの支援体制を模索する重要な役割も担っている
MSW6年目
小顔で細身の彼女は大学病院と隣市の地域中核病院で働いてきた経験もあり
医師や看護師たちから信頼されていた
聞き取りによると吉埜は高校卒業後母親と住んでいた家を出て
高校の1年先輩だったななみの父親と同棲を始めた
彼はアルバイトで生計をたてており生活はギリギリだった
吉埜はもともと生理不順でお腹が大きくなるまで妊娠に気づかず
産婦人科医を受診したときには産むしか選択肢はない状態だった

望んで妊娠したわけではなく
出産したらそのまま特別養子縁組をすることを念頭に産婦人科医と相談していた
だが父親の両親（ななみの祖父母）が説得し結局ふたりは籍を入れたという
保健師は厚生労働省が推進する「こんにちは赤ちゃん事業」※による全戸訪問を行っている
だが祖父母が近くに住んでおり何かと手助けしていたので支援を要する家庭とは認識されていなかった
吉埜の実母は離婚しており現在はひとり暮らしをしている
引っ越してくる前の市に住んでおり吉埜との交流はないという
当市に引っ越してきたのはご主人の転職のためでした
高校の先輩が自動車修理工場に勤めていて
正社員を募集しているから来ないかと誘ってくれたようです

※乳児家庭全戸訪問事業

※2017年7月現在:日本看護協会認定部資料より

小児救急医療の場で子どもへの応急処置救急蘇生などを行うことができ
子ども虐待の予防と早期発見・対応や子どもの事故分析や
事故予防の啓発活動にも当たる高い専門性を持っている看護師だ
聞き取りによると
吉埜はななみにお座りとつかまり立ちの練習をさせていたところ倒れてしまった
額は床にぶつけすねのあざと傷はころんだときにできたとのことだった
一刻も早くハイハイやお座りをさせようとしてけがをさせてしまったようです
突発的な行動ではないと思いました
ただ子育てに強い不安を訴えておられます
ご主人は留守がちだそうですし
退院後の支援を検討しておきたいところです

※もともと児童福祉法第25条により、国民のすべてに「通告の義務」が課せられています。児童虐待防止法第５条には、それに加えて学校や児童福祉施設・病院などの関係機関、関係者に早期発見の努力義務を、第６条に通告の義務を課しています。

同法第6条には
「児童虐待を受けた
と思われる児童を
発見した者は
速やかにこれを
市町村・都道府県の
設置する福祉事務所
若しくは児童相談所
又は
児童委員を介して
市町村・都道府県の
設置する福祉事務所
若しくは児童相談所に
通告しなければならない」
と書かれている
市町村が通告先に
位置づけられたのは
2004年の
児童福祉法改正時で
支援のネットワークとして
「要保護児童対策
地域協議会」が設置
されるようになった
児童相談所が子どもの
一時保護や児童福祉
施設・里親などへの
措置など 緊急で
法的権限の行使も
視野に入れた
専門的対応を
行うのに対し
市町村は子育て
不安や妊娠期からの
切れ目のない支援
などについて
相談者の身近な所で
細やかに対応する
役割を担っている
一村たちにとって
〝市への通告〟は
サポート体制を
整えるために
行う大事な
仕組みだった
通告という言葉は
法律上の硬い言葉だが
これにより関係する
機関が血の通う連携を行う
スタート地点を作る
ことができる

この市では家庭児童相談室がケースマネジメントをしており
誰かひとりが抱えこむのではなくどうやって母親や養育者を支えるのかを話し合っていくことになっていた
それでは退院前から連携をとっておいたほうがよさそうですから
院内で開くFASTの対応会議にそれぞれの機関から参加してもらってはどうですか
いいですねそうしましょう　さっそく院内会議を段取ってもらえますか？
さてそのうえでぼくらFASTとしてどうするかですが………
お母さんからの SOS
楽観できないのはお母さんがSOSを出すほど困難を感じていることです
でも別の視点から見ると他者に助けを求める力があると言えます
そこに僕らが手を当てる隙間があると思うのです

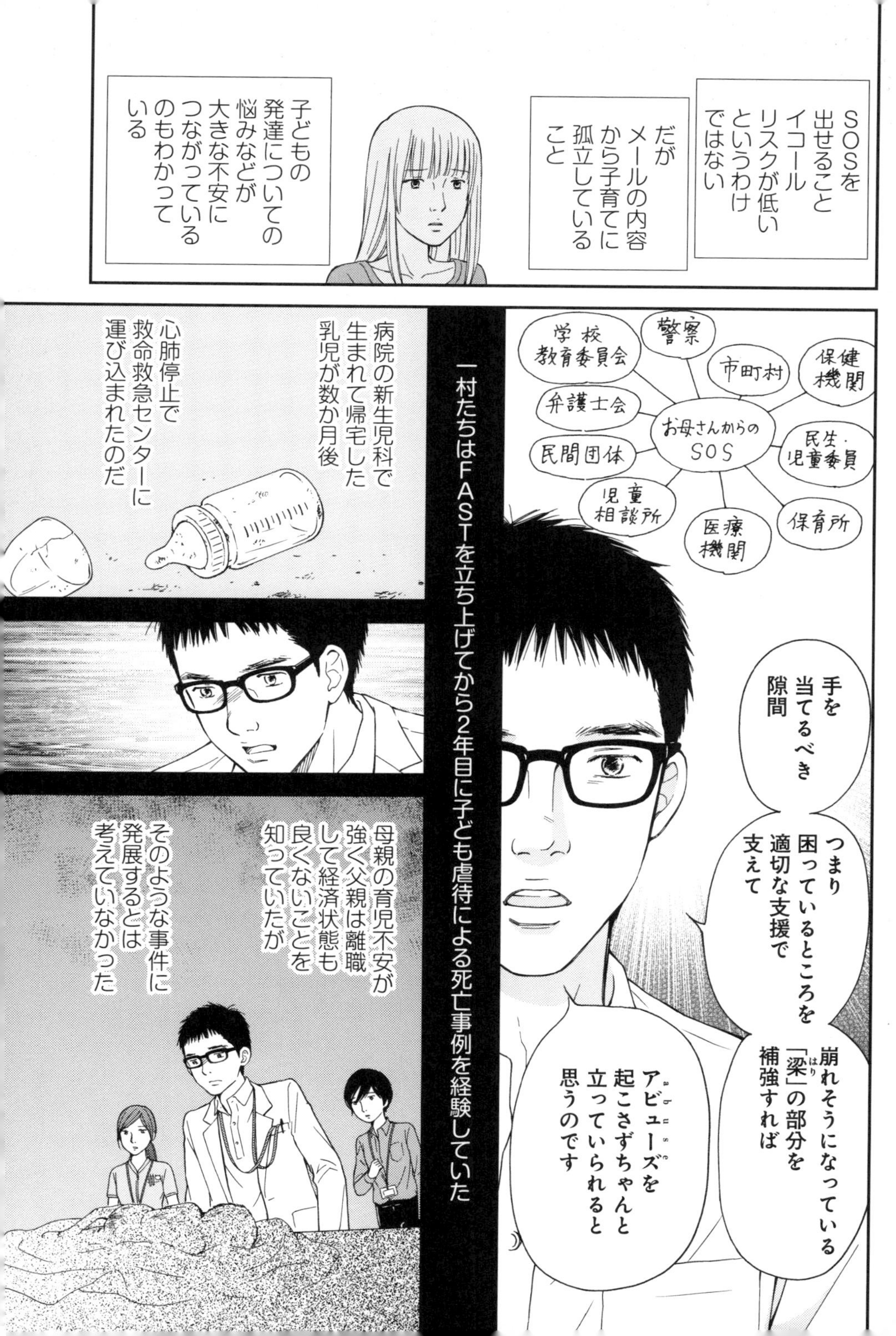
SOSを出せることイコールリスクが低いというわけではない
だがメールの内容から子育てに孤立していること
子どもの発達についての悩みなどが大きな不安につながっているのもわかっている
お母さんからのSOS
学校 教育委員会
警察
市町村
保健機関
弁護士会
民生・児童委員
民間団体
児童相談所
医療機関
保育所
手を当てるべき隙間
つまり困っているところを適切な支援で支えて
崩れそうになっている「梁《はり》」の部分を補強すれば
アビューズ《abuse》を起こさずちゃんと立っていられると思うのです
一村たちはFASTを立ち上げてから2年目に子ども虐待による死亡事例を経験していた
病院の新生児科で生まれて帰宅した乳児が数か月後
心肺停止で救命救急センターに運び込まれたのだ
母親の育児不安が強く父親は離職して経済状態も良くないことを知っていたが
そのような事件に発展するとは考えていなかった

子育て不安
という言葉は重症ではない比較的解決しやすいレベルの悩みをイメージさせる
だが
日本における子どもの心中以外の虐待死は
統計によれば6割強が0歳児で占められている現実がある※
子ども虐待死数（49人）
0歳児（32人）
65.3%
（心中以外の虐待死）
命を落としやすい小さな子どもを育てている家族への支援は
メンバーで多角度から議論し合い方針を決めること
早期支援で重症化を防止すること
そう心に刻んだ事件だった

※「子ども虐待による死亡事例等の検証結果等について」（第14次報告）平成30年8月

まずは院内でお母さんが困っていることについてサポートに入ります
同時進行で長期にわたって子育て支援のバトンをリレーできるように
地域連携についても話し合っていきましょう
わかりました私にできることとして急いでお母さんと家での事故防止対策について話し合ってみますので
八尋さんにも一緒に行ってもらってください
病院が関われる時間は限られている
みなそれをわかっていた
どうして困らせる
ナースステーション
浅賀吉埜は入院したあとななみを病室に寝かせると
プレイルームですぐにテレビを見始めた
備えつけのイヤホンをつけぽつんとひとりソファに座っている

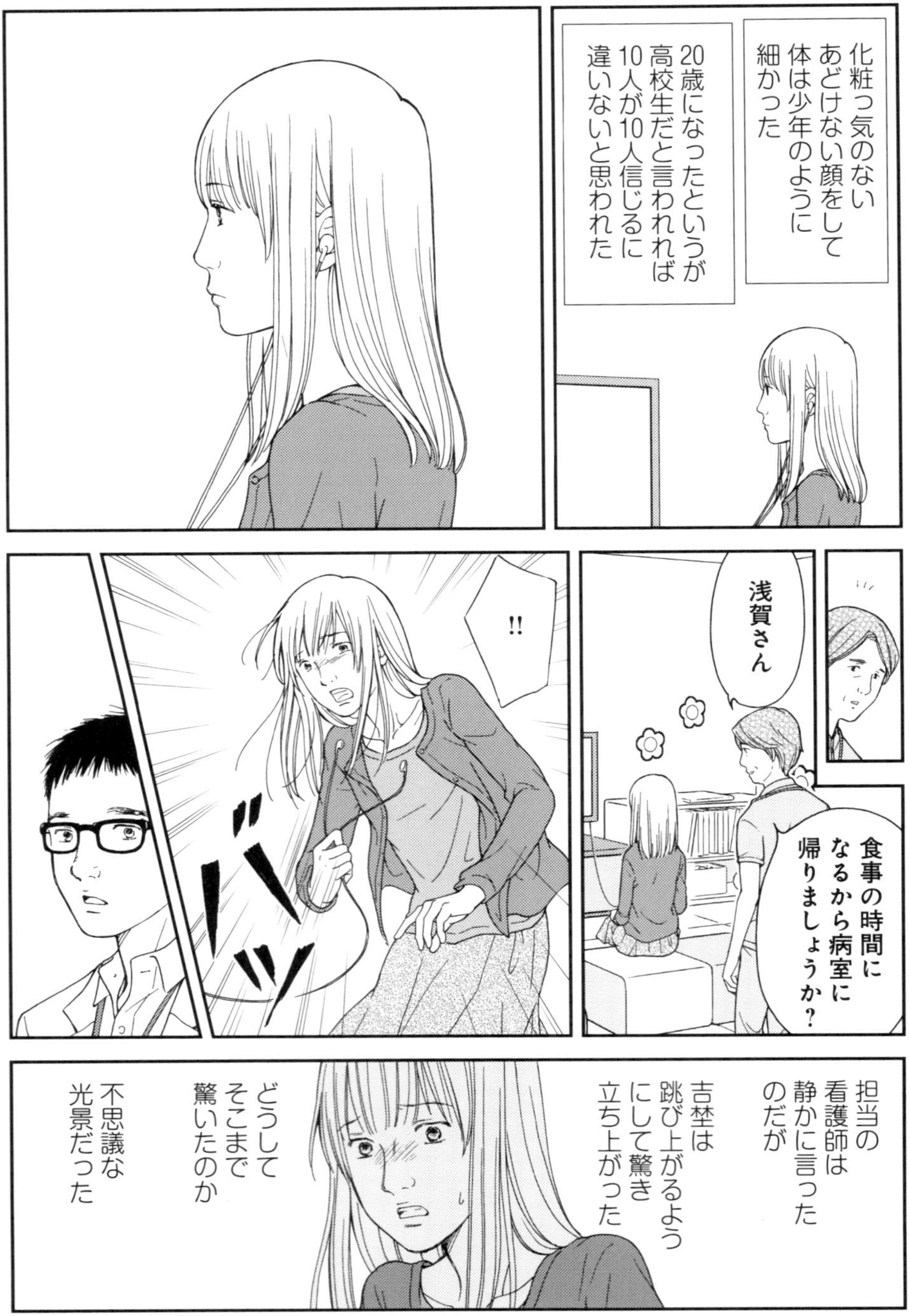
化粧っ気のない
あどけない顔をして
体は少年のように
細かった
20歳になったというが
高校生だと言われれば
10人が10人信じるに
違いないと思われた
浅賀さん
食事の時間になるから病室に帰りましょうか？
!!
バッ
担当の看護師は静かに言ったのだが
吉埜は跳び上がるようにして驚き立ち上がった
どうしてそこまで驚いたのか
不思議な光景だった

花井からの申し送りには
「お母さんの表情が硬くて目を合わせず下を向いて話す
緊張が強く医療者にひどく気を遣った様子がみられる
医療スタッフと関係を築くことが難しいのではないか」とあった
一村はそれに配慮してナースステーションの隣室を病室に当てた
ステーション
病状を観察する部屋でもあり看護師の目がよく届く
吉埜からも看護師に声がかけやすいはずだった
病室にはベビーベッドが3台置いてあるがいまはななみひとりだけだ
ななみちゃんお母さんに離乳食もらおうね
一村の指示で看護師とミルクの与え方や離乳食の食べさせ方を練習することになったのだが
吉埜は離乳食をスプーンにたっぷり取りななみの口に運んだ
だがななみは嫌がって横を向いてしまう
この子離乳食が嫌いなんですよ

スプーン一杯の量はこれくらいでね
いっきにたくさんすくっても口に入らないし嫌がったりするからね
ミルクは飲むけど離乳食は食べないから
ガシャ
本当に離乳食を食べてくれないときって大変ですよね
でも本人が食べる気になるように気をひきながらやっていくといいですよ
食べたらほめてあげましょうね

ななみちゃん
おいしいよ
食べてみようね
ほらおいしい
よ
ぱく
えっ
えらいねえ
食べられ
たねえ
良かったねえ
ななみちゃん
看護師に
ほめられ
ななみは手足を
ばたつかせた

しばらく吉埜と一緒に過ごした看護師は
ナースステーションに戻ると一村に言った
食事のトレイを返却して病室に戻ったらお母さんがベッドに覆いかぶさるようにして言っていたんです
どうして
私を困らせる……

入院の翌日
吉埜親子が小児病棟の診察室に入ってきた
下を向いてひどく緊張し歩くのもぎこちない
しかもななみを重そうに抱いていた
ななみは棒立ちで体を固くしている
抱きつかないので重く感じるのだろう
この日は八尋が間に入ってくれ父親もやってきた
ペコ
どうぞお母さんはこちらに座ってください
お子さんを抱いたままでいいですよ
お父さんはそちらの椅子に腰かけていてくださいね
メールのこと八尋さんから伺いました
よく相談してくれましたね
一村はまず吉埜に向かってそう言葉をかけた
市の相談窓口にメールを出すには勇気が要っただろう
相談を受け入れこれから一緒に考えていこうと伝えたかった

それじゃななみちゃんを診察してみますね
洋服を脱がせておむつだけにしていただけますか
最初は抱っこしていてください
吉埜が洋服を脱がせる様子を見て彼は違和感を持った
救命救急センターでは慌ただしく看護師が手伝っていたのでわからなかったが
ななみをあやさない
いとおしそうに顔を見るわけでもない
多くの母親たちはこういうとき子どもに話しかけながら服を脱がす
泣いたときは声をかけるしアイコンタクトもあるものだ
どうしてなのだろう
吉埜はななみを心配している

それは市の相談窓口にメールでSOSを出しており
保健師の八尋の家庭訪問も受け入れていることからもわかった
だがその行動と目の前の彼女は裏腹だ
顔色も良くない
育児に疲れきってあやす元気すらないのか
一村はまず呼吸音や心音を聴診した
それから手の軟らかさや腕足の反射を診る
ななみはとてもおとなしかった
見知らぬ医師を見た子どもはさまざまな反応を見せる
泣いたり母親にしがみついたりするものだが
それでは診察台に寝かせていただけますか？
体の全体を診てみましょう
シャン

シャン
シャン
最初いつものようにオモチャを鳴らして様子を観察した
興味を持ってキョロキョロしたり笑顔になる子どもが多いのだが表情はあまり動かなかった
次に手を持って引き起こすと
首が付いてくる
首は座っていた
座らせると
手をついていればなんとか座位は保てるが
1
2
3
4
グラァ
5つ数え終わらないうちにななみは前のめりにバランスを崩し倒れこんだ

一村は
そっと両手で
受けとめてから
うつぶせに寝かせ
お腹を持って
ハイハイの恰好を
させてみた
頭を少しだけ上げ
たが両腕と両足を
使って体を持ち上げ
る力は弱い
9か月であれば
ひとりでお座りが
できハイハイから
つかまり立ち
つたい歩きも
できる頃だ
もうちょっとで
お座りでき
そうだけど…
！
ななみを
見ていなかった
無表情
まるで仮面の
ようだった
浅賀さん？
ハッ
少し発達が
ゆっくりみたい
ですね
けど
できることは
これから増えて
いきますよ

…SNSで育て方がよくないって言われました
意見を聞いても10人いれば10人違うことを書いてくる
育児書にしても書かれているのは標準的な話だ
SNS?
子どもの育ちには差異がありなかなか望む答えは見つからないだろう
彼は吉埜が書いたSOSメールの内容を思い浮かべた
引っ越してきたばかりなのでこの街には知り合いもいません
誰かひとりでいいから私を受け入れてほしいと思います
でも誰かと友だちになる勇気がありません…
ネットの世界の他には頼るところがないのか
父親はうつむいたまま顔を上げない
孤立
孤独
という言葉が吉埜に重なった
離乳食もうまくいかないし
もう
どうしていいのかわからない

ななみの体重が
増えない医学的な
異常はみつからなかった
心電図や血液検査
などには問題はなく
言語聴覚士が
診た結果
口の動きや
飲みこむ力には
問題なさそうだった
ななみの体重が
増えないのは
寝てしまうと授乳をせず
離乳もうまく
進んでいないことが
関係していると思われた
9か月であれば
離乳食を3回
ミルクを4、5回
与えるのが目安だ
泣き出すとなかなか
泣き止まないことも
吉埜を苦しめていた
乳児は不快なことが
あると泣くことが多い
オムツが汚れていないか
お腹が空いていないか
暑くないのか
寒くないのか原因を
探してみるといい
わあーん
あ゛ーん
ああん
ひと通り確認しても
泣き止まないときには
子どもを安全な
場所において
えーん
ああーん
わあ あん
うわーん
少しその場を
離れて一息入れ
てはどうかと
一村は伝えた
先生…

親ってなんですか
追い込まれている
満点の育児を目指さなくていいんですよ

僕はこれまでたくさんの親御さんに会ってきました
自分自身にも子どもがいます
僕が学んだことは子どもを産んだからって親になるわけじゃないということでした
みんな育てながら悩みながらだんだんと親になる
急がなくていいんですよ
でも…
ななみちゃんはいままでできなくなったことはないですよね?
確かに成長はゆっくりかもしれない
ほかの子どもより少し時間がかかるから待つのはつらいだろうけど
一緒にここで見守っていきましょう
………
父親を見ると彼も一言も声を発しない
質問もしなかった

………
診察が終わり吉埜たちを送りだすと
急に親子のイメージが消えた
一村は患者や家族の顔を覚えるのが得意で
廊下であいさつされても返礼できた
だがまるで白黒の世界に沈んでしまったように顔を思い出せなくなっていた
その後の入院中授乳と離乳食の食べさせ方を修正することで
体重は順調に増加し一村を安心させた
だが吉埜の育児への不安や疲れは続いていた

家に帰ってからのななみの経過を心配した一村は
退院後2週間目の予防接種を組み入院中の検査結果も伝える計画を立てた
その後はしばらくの間1か月ごとに外来に通ってもらう
発達に関する診察だけであれば2か月か3か月おきでよかったが 間をあけずに病院とつながっていてもらうことがいまは大事だった
そして退院の日――…
浅賀さんお手伝いしましょうか
抱っこひもって案外複雑ですよね
あ 神流さん
八尋はななみを救急外来に連れていった時点で神流に吉埜を引き合わせていた
神流さんは病院の医療の相談員なの
遠慮はいらないわ 何でも相談してくださいね
神流は ななみの入院後 病棟に用事がある度に病室に立ち寄っていた

ななみちゃん体に悪い所がなくてよかったですよねぇ
離乳食とかミルクをあげるのはほんとうに大変ですけど
無理しなくていいんですよ
病院でも支えていくので一緒にやっていきましょう
吉埜は寄り添って話す神流に少し驚いた顔をした
家に戻って不便なことはないですか？
オムツとか食べ物とか足りていますか？
よかったら何でも相談してくださいね
神流は患者に話しかけるとき立ち話するのを得意としていた
相談室で正式に話すこともあったが
立ち話なら相手の気持ちに負担をかけずに気軽に話ができた
病院には病気や生活に不安を感じている患者心配している家族がたくさんいる
そうした人たちへの配慮は大事なことだったそんな彼女に親しみを感じて逆に話しかけてくる人も多かった

※小児救急看護認定看護師は、職務上の家庭訪問を行うことがあります。

僕らみんなが同じ方向を向いたとき
家族への仕事はうまくいく
一村がよく使う言葉だ
サポートをあきらめない
意見を出し合いそして子どもと家族が歩いていけるように心を合わせていく
そういうことを言いたいのだと神流は受け取っていた
家庭を訪れることができる八尋と改めて話してみようと彼女は思った
退院から2週間は何事もなく過ぎた
市医療センター
レントゲンの再撮影や検査結果には大きな問題はなく
吉埜も落ち着いていて一村を安心させた
だが
その1か月後事態は急転した

近所への訪問計画がある時には必ず吉埜に声をかけることにしていた八尋が
突然吉埜とななみに連れ添い来院した
ななみの左ほほが赤く腫れていた
まだ新しい擦り傷もできていた

第１話
親ってなんですか—中編

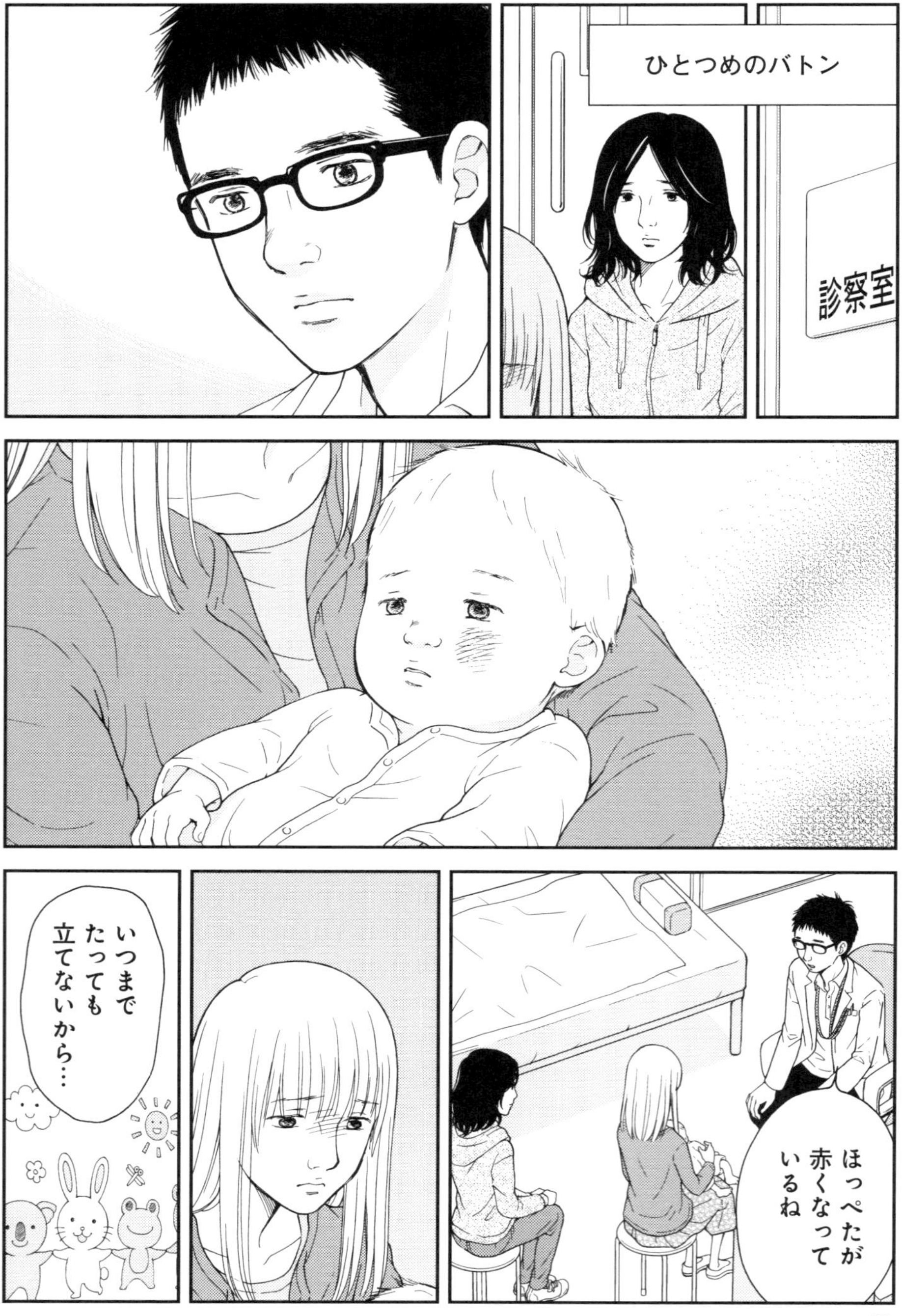
ひとつめのバトン
診察室
ほっぺたが赤くなっているね
いつまでたっても立てないから…

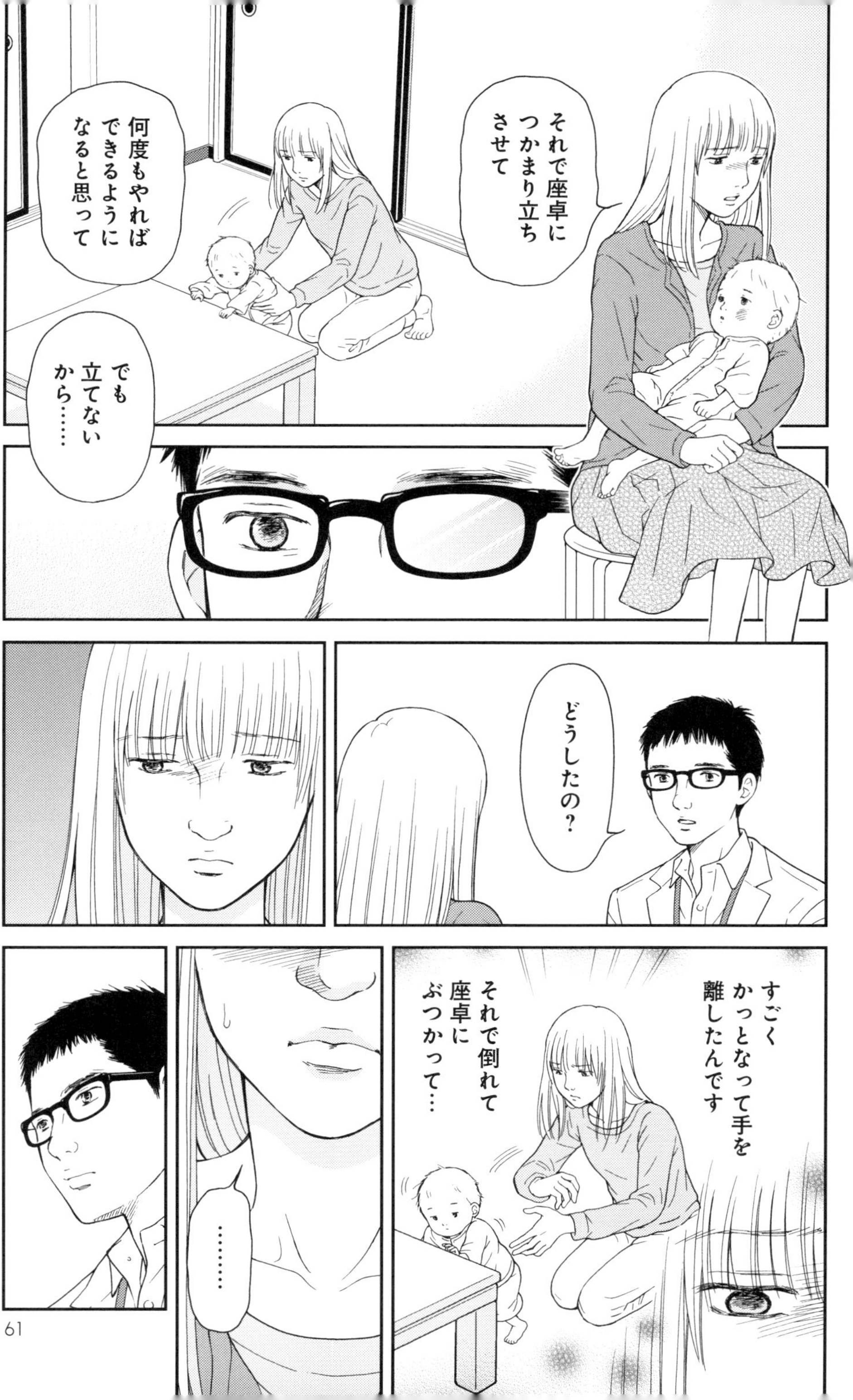
それで座卓につかまり立ちさせて
何度もやればできるようになると思って
でも立てないから……
どうしたの？
すごくかっとなって手を離したんです
それで倒れて座卓にぶつかって…
………

うあ〜ん
わああ
一村《いちむら》が頭部を診《み》始めるとななみが泣き出した
あん
おもちゃ出そうか
シャン
シャン
シャン
シャン
シャン
顔以外には大きな傷や打撲の痕《あと》はなかった
だが医師としては乳児が顔にけがをしていたら
暴力を受けた可能性を考えなければならない
子どもがけがをすることはよくあるが
自分で動くことができない乳児の場合
顔にけがをすることはあまりないからだ

病院で
この母と子を
支えるのは無理
なのだろうか
暴力が
起こったので
あれば病院の
義務として
児童相談所に
通告しなければ
ならなかった
先生
同じくらいの
子どもたちと
ななみは
どうして
違うんですか
座れないし
つかまり立ち
できないし
長泣きして
どうやっても
泣き止まないし
ああわぁーん
ギャー
わああん
何か
病気じゃないか
と気になって
どうしていい
のか………

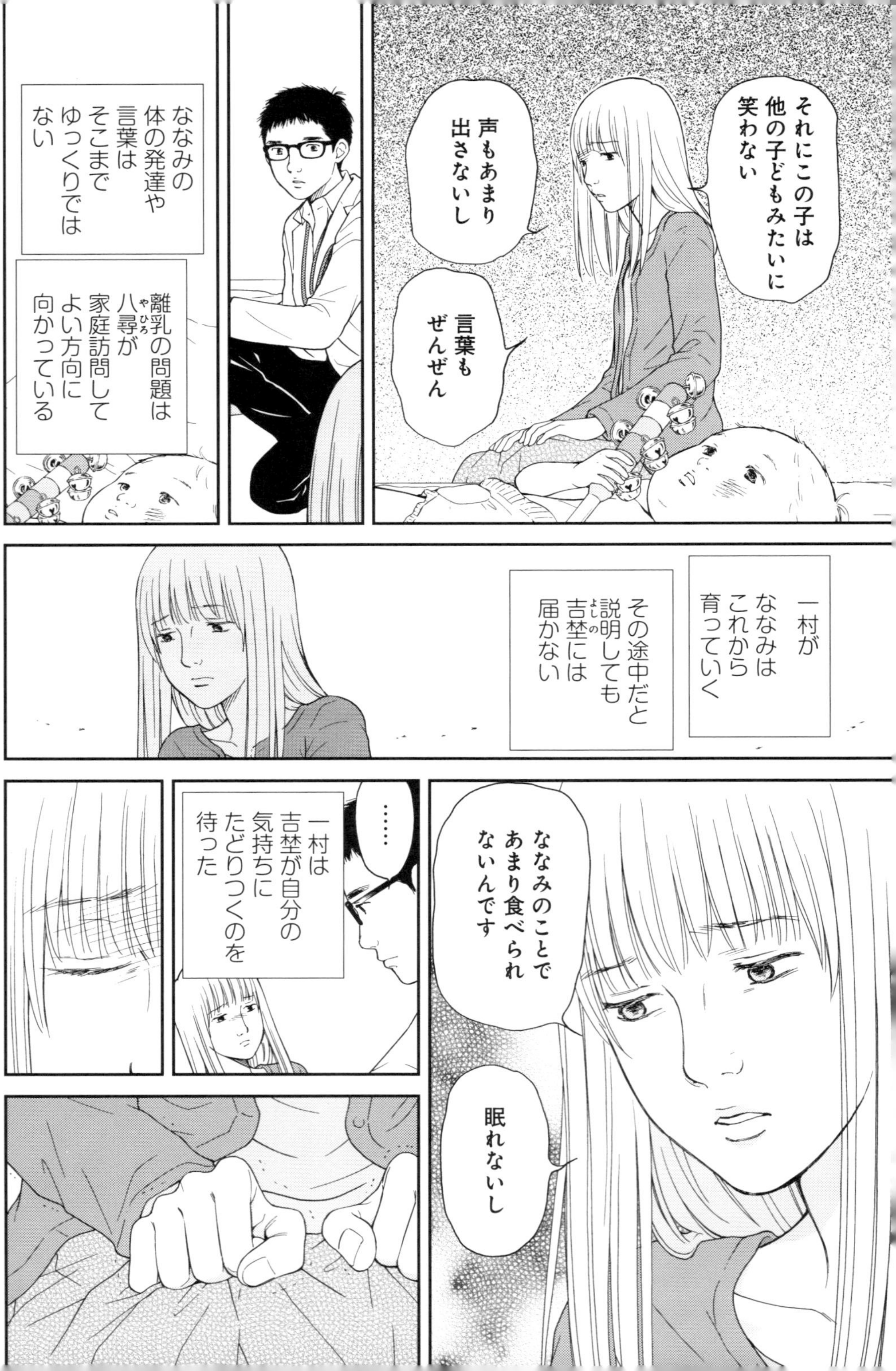
それにこの子は他の子どもみたいに笑わない
声もあまり出さないし
言葉もぜんぜん
ななみの体の発達や言葉はそこまでゆっくりではない
離乳の問題は八尋《やひろ》が家庭訪問してよい方向に向かっている
一村がななみはこれから育っていく
その途中だと説明しても吉埜《よしの》には届かない
ななみのことであまり食べられないんです
眠れないし
……
一村は吉埜が自分の気持ちにたどりつくのを待った

だって…
できないことばかりで……
不安を作り出す吉埜の心の奥底が見え隠れしたような気がした
心を支える「梁《はり》」を自分の中に作ることができれば吉埜は立っていられるのではないか
子育てを続けることができるのではないか
お母さんが元気にならないと
子どもも元気になれないよね

浅賀《あさか》さん これから 僕と一緒に
児童精神科医の ところに行きませんか?
お母さんの 心配を 相談しに
児童 精神科医?
あまり 聞きなれない かもしれませんが
子どもの心身の 発達を診たり 家族と話し合って くれる医師のこと なんです
構いま せんか?
……
えぇ…… はい……
では私は 午後の家庭訪問が あるのでこれで 失礼いたします

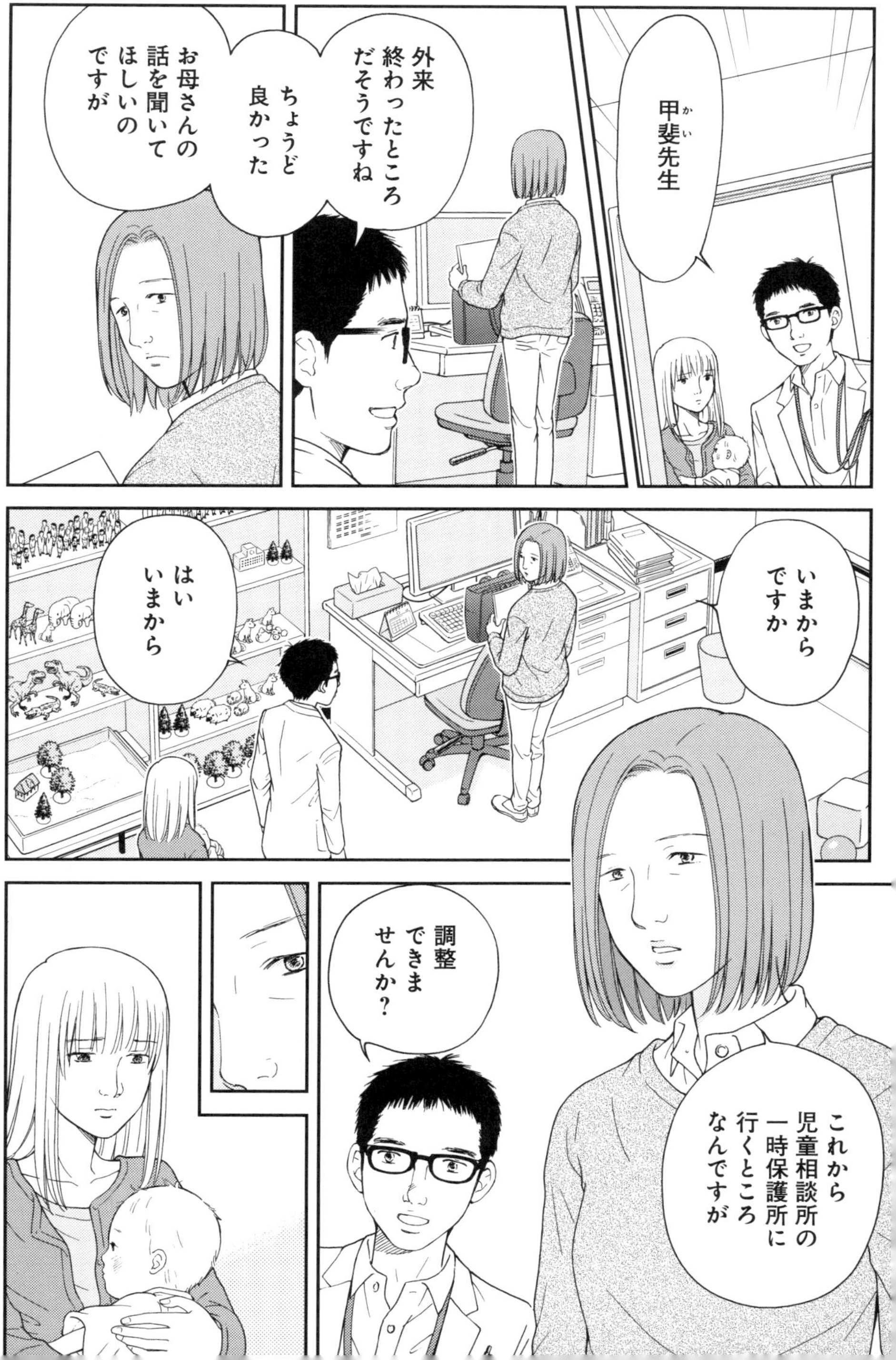
甲斐《かい》先生
外来終わったところだそうですね
ちょうど良かった
お母さんの話を聞いてほしいのですが
いまからですか
はい いまから
これから児童相談所の一時保護所に行くところなんですが
調整できませんか?

これまでも一村はこうして患者を突然連れてきたことがあった
甲斐の治療を必要としていると判断したからだ
30分くらい大丈夫です
それじゃお母さん
ここで少しお話させてくださいね
一村は壁際に座り
彼より10歳ほど年上の女医と患者の会話に耳を傾けた

ひとりの人として
甲斐しのぶは もともと 小児科医だった
出身大学の付属病院で
感染症の子どもの治療に当たることが多かったのだが
勝負は3日単位だった
まず考えられる抗生物質を投与して3日間様子をみる
効かなければ別の薬に変えてさらに3日間様子をみる
その判断を間違えれば命を落としかねなかった
日々時間との闘いを迫られた
だが医師になったとき思い描いていたのは
家族の話を聞き
子どもの様子をゆっくりと診て治療に当たる医療だった

悩んだ末一念発起し児童精神科医になった
子どもの心の病気を診ると同時に
子どもを育てる家族の調整や家族療法なども行う
この仕事はストンと彼女の心に収まった
それから白衣を着なくなった
寄り添うには安心できる存在にならなければならない
白衣を権力と感じ萎縮したり黙り込んでしまう子どもがいた
付き添ってくる親にとっても同じだった
市医療センター
一週間後
わぁーん
バタ
あぁー
バタ
2度目の診察に吉埜がやってきた
MSW《メディカルソーシャルワーカー》の神流《かんな》が一緒に外来診療の手続きを済ませてくれていた
こんにちは こちらに どうぞ
うえーん
ああ

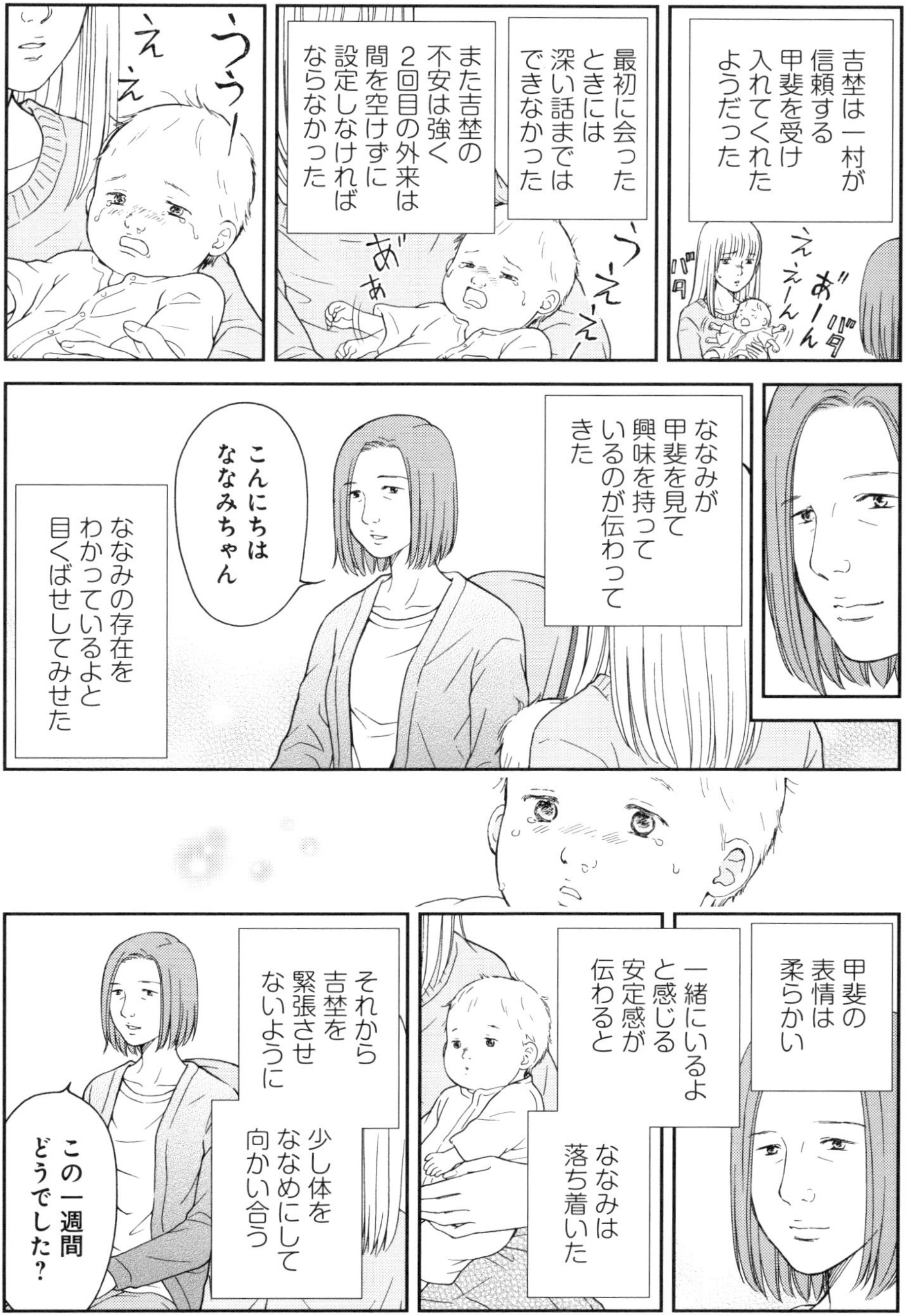
吉埜は一村が信頼する甲斐を受け入れてくれたようだった
最初に会ったときには深い話まではできなかった
また吉埜の不安は強く2回目の外来は間を空けずに設定しなければならなかった
ななみが甲斐を見て興味を持っているのが伝わってきた
こんにちは ななみちゃん
ななみの存在をわかっているよと目くばせしてみせた
甲斐の表情は柔らかい
一緒にいるよと感じる安定感が伝わると
ななみは落ち着いた
それから吉埜を緊張させないように
少し体をななめにして向かい合う
この一週間どうでした?

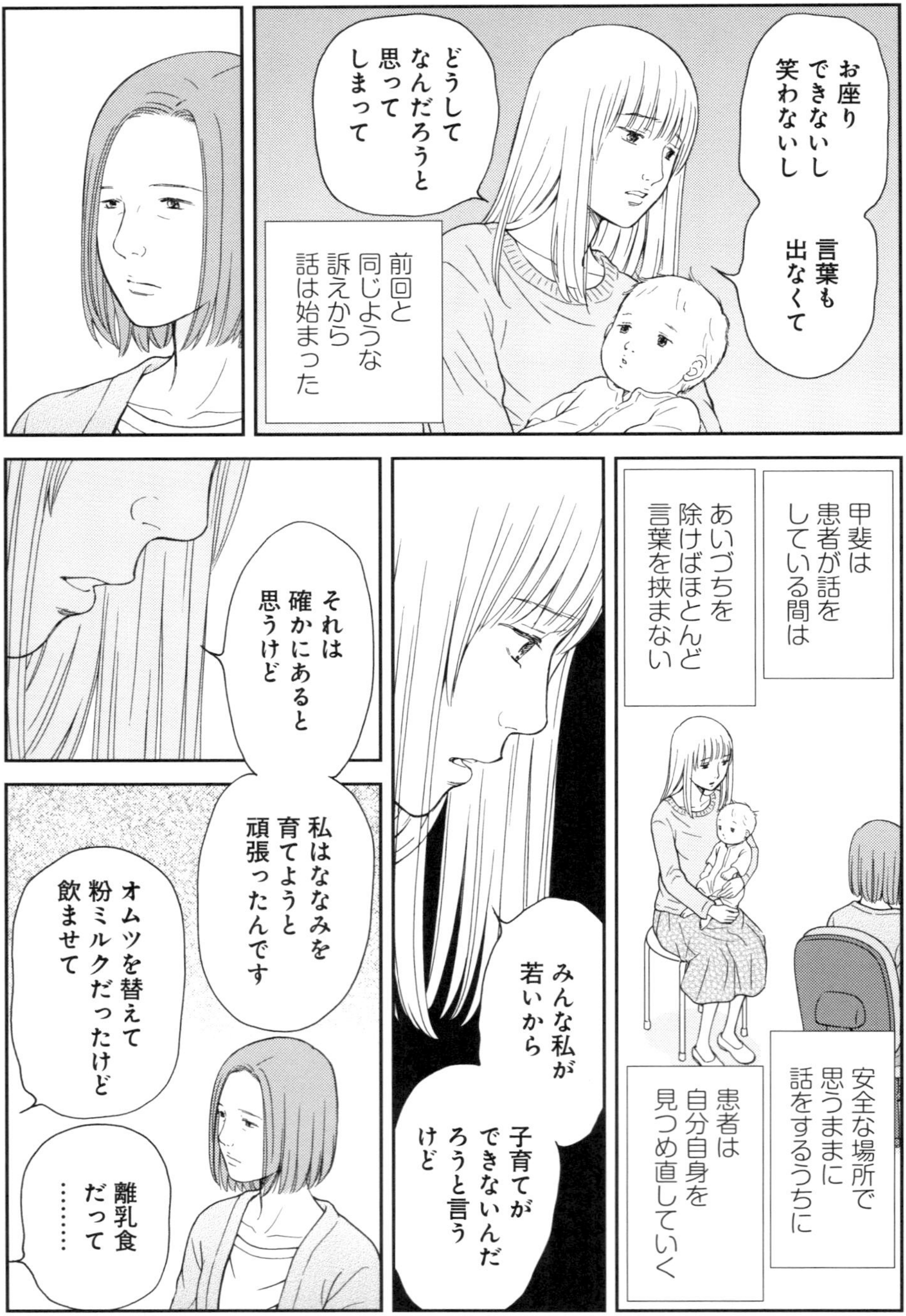
お座り できないし 笑わないし
言葉も 出なくて
どうして なんだろうと 思って しまって
前回と 同じような 訴えから 話は始まった
甲斐は 患者が話を している間は
あいづちを 除けばほとんど 言葉を挟まない
安全な場所で 思うままに 話をするうちに
患者は 自分自身を 見つめ直していく
みんな私が 若いから
子育てが できないんだ ろうと言う けど
それは 確かにあると 思うけど
私はななみを 育てようと 頑張ったんです
オムツを替えて 粉ミルクだったけど 飲ませて
離乳食 だって ………

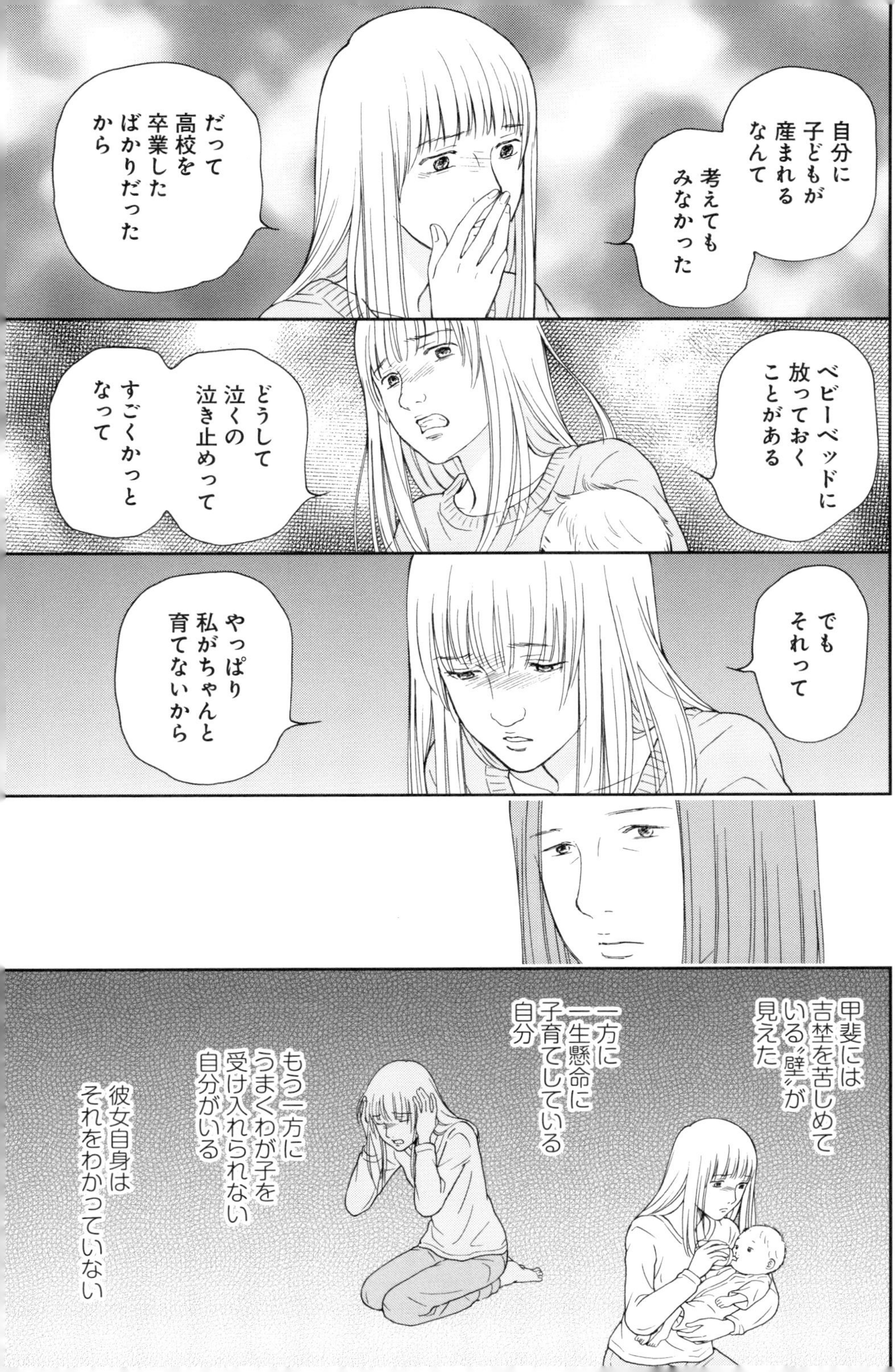
自分に子どもが産まれるなんて考えてもみなかった
だって高校を卒業したばかりだったから
ベビーベッドに放っておくことがある
どうして泣くの泣き止めってすごくかっとなって
でもそれって
やっぱり私がちゃんと育てないから
甲斐には吉埜を苦しめている〝壁〟が見えた
一方に一生懸命に子育てしている自分
もう一方にうまくわが子を受け入れられない自分がいる
彼女自身はそれをわかっていない

もう少し話を聞かなければならなかった
次は浅賀さんひとりで来られないかしら
お子さんを抱いているとゆっくり話せないでしょう?
子どもをあずかってくれるところがあれば……
確か
一時的にあずけることができる市の制度があったと思います
後でご連絡しますね
そう言うと次の外来予約をまた1週間後に入れた
困ったことがあればいつでもいいから病院に電話をするように伝えると
吉埜はほっとした顔を見せた
市医療センター

翌週はななみを保育園にあずけることができ
吉埜ひとりだった
誰も私を好きになってくれない
私が好きになっても
相手に好きになってもらえないから
吉埜の話は小学生の頃にさかのぼった
ひどいいじめを受け口をきいてもらえず
仲間外れにされたという

生きている価値がないのかなって
ひとりでいるのはつらい
でもひとりでいるよりずっといいはずなのに人と接するのは怖くてしかたないんです
だから人と話さず
自分に閉じこもっていることが一番いいと思って生きてきました
吉埜は思いを話し続けた
子どもと一緒に外来に来ると母としての話になる
甲斐は子どもをあずけてもらい吉埜自身の思いを聞きたかった

ひとりの人として元気になっていく
甲斐はこの言葉を大切にしていた
未来に向かって歩いていくためには
お母さんとしてではなく
吉埜自身が力を得ることが大事なことだった
行くところがなくて
小学校の校務員さんのところにはよく行きました
そうかそうかって話を聞いてくれて
…………
あの……

私は小さいときに
児童精神科医にかかったことがあると思うんです
吉埜は子どもの頃児童精神科に通院したことがあった
詳しいことは覚えていなかったが通ったのは公立の総合病院だとわかり
甲斐は病院に出向いた
出身大学の研修病院で以前勤務した経験があったことが幸いし 情報を確認できた
病院には電子カルテに切り替える前の
紙のカルテが保存されていた
カルテによれば吉埜の実母が近くの開業医に相談した後
児童精神科に紹介されて受診していた

娘が話をしないという訴えだった
吉埜には心理療法士がプレイセラピーを中心に行い
実母はカウンセリングに応じた
吉埜は救急車の中で生まれた子どもだった
産むかどうか迷い続けた実母が病院にかからず母子手帳も持たず出産の日を迎えたからだ
夫である吉埜の実父と妊娠中に離別したためだった
出産後間もなく実母は吉埜を乳児院にあずけた
引き取ったのは3歳の誕生日を迎える少し前だったが
家に帰った吉埜は実母になつかなかった

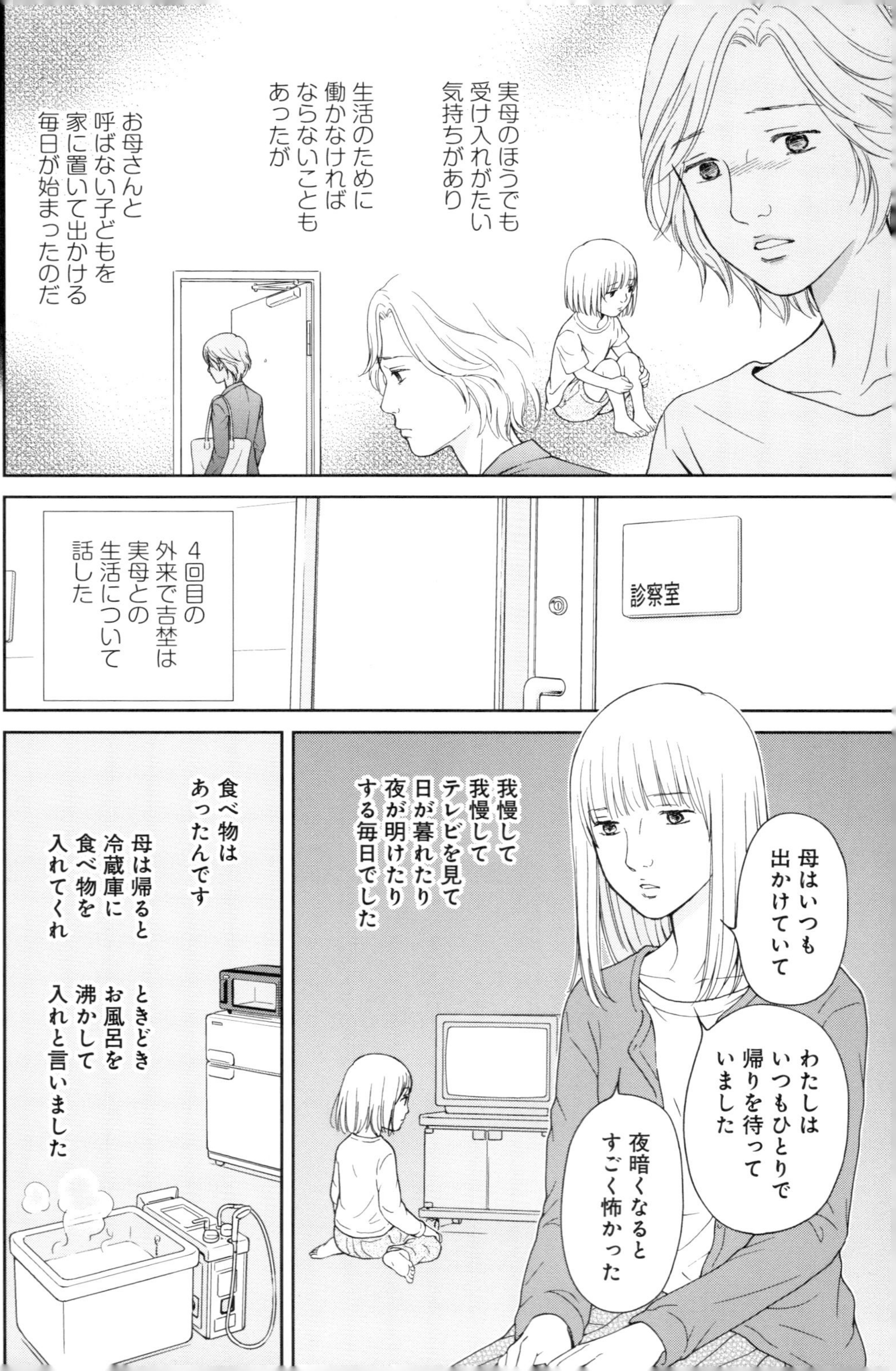

実母のほうでも受け入れがたい気持ちがあり
生活のために働かなければならないこともあったが
お母さんと呼ばない子どもを家に置いて出かける毎日が始まったのだ
診察室
4回目の外来で吉埜は実母との生活について話した
母はいつも出かけていて
わたしはいつもひとりで帰りを待っていました
夜暗くなるとすごく怖かった
我慢して我慢してテレビを見て日が暮れたり夜が明けたりする毎日でした
食べ物はあったんです
母は帰ると冷蔵庫に食べ物を入れてくれ
ときどきお風呂を沸かして入れと言いました

いったいどれくらいの期間そんな環境で過ごしていたのか
乳幼児期のネグレクト※は
子どもの心の発達に深刻な問題を残す
赤ちゃんは不快なときお腹が空いたときなど
多くの場合泣くことで養育者に要求を読み取ってもらい
快適な状態にしてもらう
1・2歳くらいまでに養育者との基本的信頼関係を結ぶ体験をすることで自分の大事な人がわかるようになり
その人をとおして周囲の人や世界を信じて生きていけるようになる
その体験ができず困ったとき助けてもらえないと思ったら
子どもは円満に成長できなくなるだろう

※子どもの健康・安全への配慮をおこたる、食事や衣服、住居などが極端に不適切、健康状態を損なうほどの無関心・怠慢・遺棄、同居人が子どもに身体的、性的虐待、心理的虐待を行っているにも関わらず、それを放置することなど。

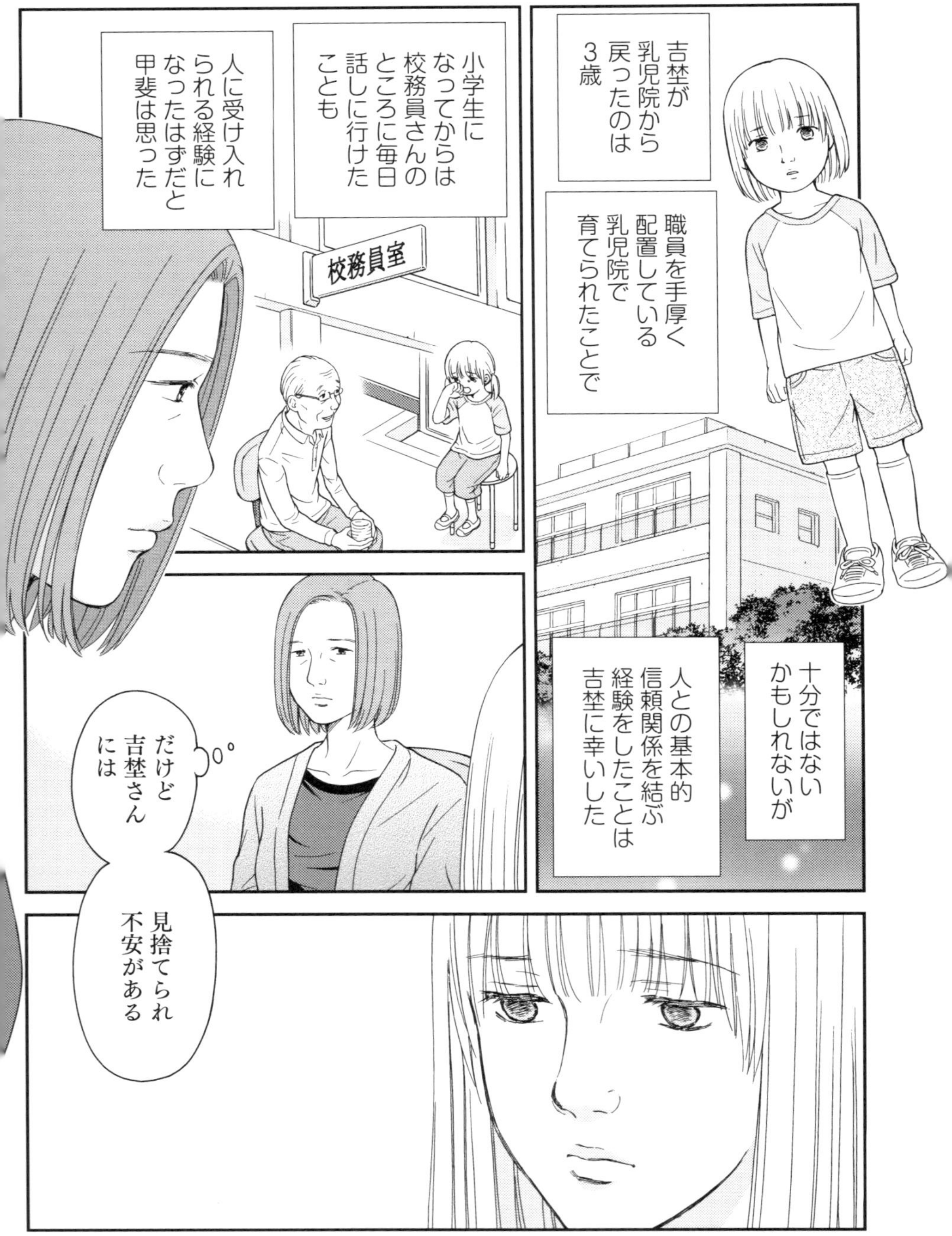
吉埜が乳児院から戻ったのは3歳
職員を手厚く配置している乳児院で育てられたことで
十分ではないかもしれないが
人との基本的信頼関係を結ぶ経験をしたことは吉埜に幸いした
小学生になってからは校務員さんのところに毎日話しに行けたことも
人に受け入れられる経験になったはずだと甲斐は思った
校務員室
だけど吉埜さんには
見捨てられ不安がある

見捨てられ不安は
母親や養育者との信頼関係をうまく築けなかった子どもたちに表れることがある
彼女は誰かと親しくなると
相手に見捨てられるのではと不安定になり
大人になっても対人関係に苦しんでいた
「人と話さず自分に閉じこもっていることが一番いいと思って生きてきた
ひとりでいるのはつらいけど人と接するのはとても怖い」
という言葉はその気持ちを表しているのだろう
吉埜は自分に自信が持てず
生まれてこなければよかった自分には価値がない
などと苦しみながら子育てしていた

母と娘の心のすれ違いは
自分の存在を否定された
という思いを吉埜に
芽ばえさせた
自分は自分のままでいいと
自信を持てないことが
子育ての不安に
つながっていた

母と娘
一村は甲斐から電話を受けて
児童精神科の外来で実母との話を聞いた
確かにネグレクトに近い生活をしていた時期があります
でも吉埜さんのSOSメールを出す力
私たちとつながっていてくれる基盤には
彼女のお母さんが吉埜さんを育てようとした記憶があると思います
〝乳児院から引き取ったあと娘との関係を十分に築くことができなかったことに落胆した〟
とカルテには記載があった
この言葉に娘とやり直そうとしていたことがうかがえた
吉埜を乳児院にあずけたことにも着目していた
いまは育てられないと他の人にゆだねる力を持っていたことを教えている

葛藤を抱えながらもなんとか育てようとしていたのだろう
何度目かの外来にやってきた吉埜はぽつりと言った
お母さんが沸かしてくれたお風呂は
温かかった
また治療を重ねるうちに吉埜は
ななみが自分を脅かす存在だと感じていることに気づいていった

子どもだけは
自分を愛して
くれるはずだと
彼女は考えて
いた
よく笑い
すくすくと
成長し
母親の気持ちを
わかってくれる
子ども
だが
小さな子どもは
親に守り育て
られるもので
親を
守ることは
できない
また
成長が遅い
という心配は
子どもは自分を
困らせる存在だ
という気持ちに
変化し
自分は被害者で
あると考えるように
なっていた
対人関係が
苦手で緊張
しやすく
孤独でどこにも
居場所がない
と感じる

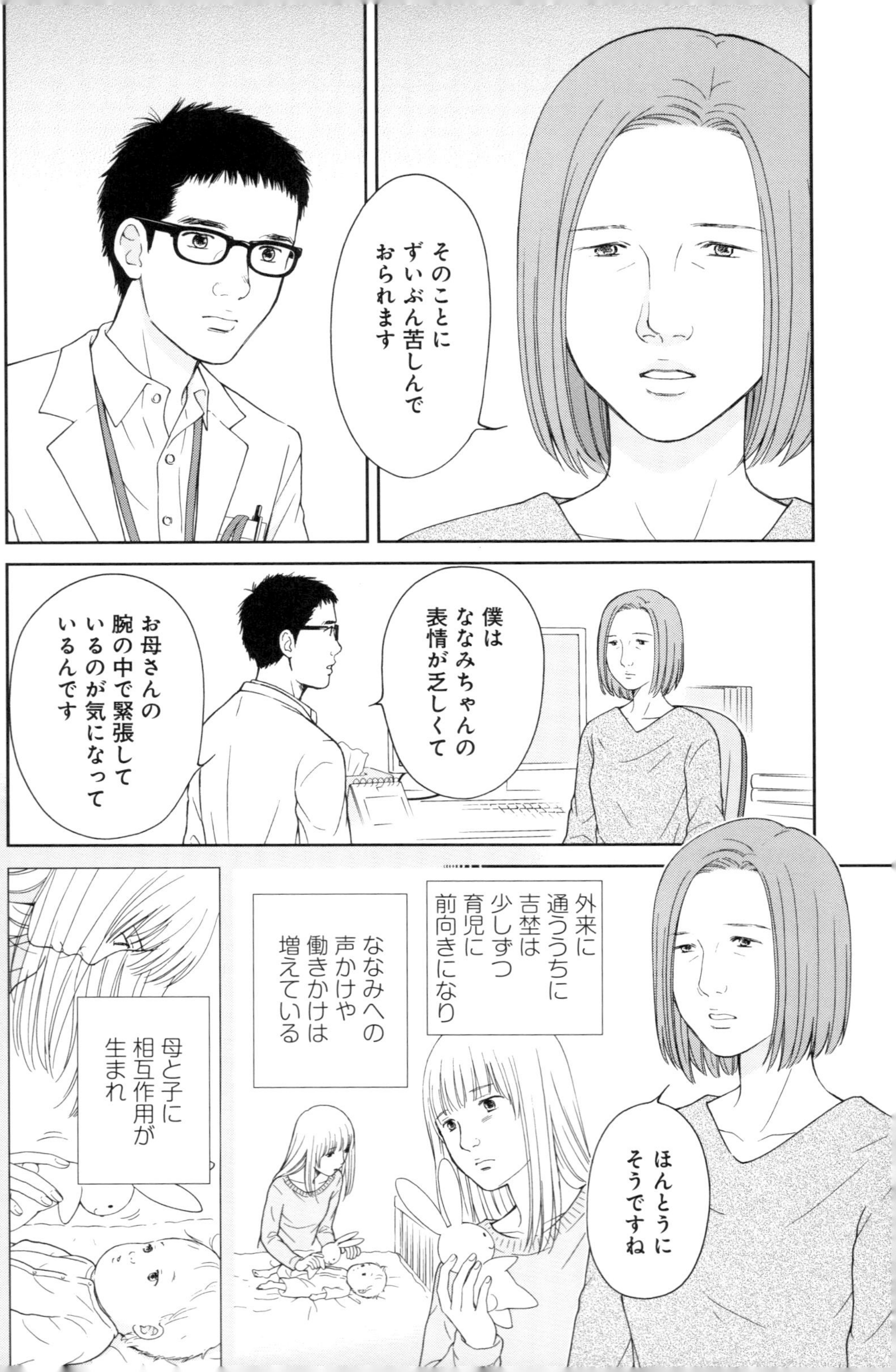

そのことにずいぶん苦しんでおられます
僕はななみちゃんの表情が乏しくて
お母さんの腕の中で緊張しているのが気になっているんです
ほんとうにそうですね
外来に通ううちに吉埜は少しずつ育児に前向きになり
ななみへの声かけや働きかけは増えている
母と子に相互作用が生まれ

ななみの表情は柔らかく豊かになっていきつつあった
まだ時間がかかりそうですか
ええ
吉埜さんが自分自身を大切に感じられるように
それから母と子の愛着関係をしっかり結べるように
もう少し通っていただこうと思っています
ななみと看護師が遊び そこに吉埜が加わる時間を毎回作っていた

小児科は子どもの病気をいかに早く治すか
短期決戦を強いられますよね
でも心の問題を治すには時間がかかることがしばしばあります
なにもしない時間もときには必要ですし
僕らは短期決戦型ですか
子育ては続く
ずっと見守り頑張っているねと伝える人が必要だと甲斐は考えていた
外来の間隔は3か月 半年と空けてもいい
しかしまた会おうと約束してどんな些細なことでも聞いてくださいねと伝えておけばいつでも相談に来られる
人は目の前の問題が無くなってから自分のことが言えるようになる
吉埜がななみの心配から解放されたあとそのときが来ることも忘れていない
市医療センター

これから
ななみちゃんの
お父さんに
会うんです
強い
育児不安の
背景には
夫が新しい
仕事に就き
吉埜との
会話が減り
子育てを
手伝わず
休日も出かけて
しまう日々も
影響していた
収入は
増えたけど
夫は家に
帰っても何も
しなくて
まるっきり
ひとりで
子育てして
いるんですよ
母親自身が
抱える問題や
子どもについての
心配があっても
夫の行動しだいで
乗り越えられる
ことは多い
夫が育児に
参加できる環境が
必要だと甲斐は
強く思う
あ
そうそう

プレイルームで
テレビを見ていた
吉埜さんが
看護師さんの
声かけに
跳び上がるほど
驚いたという
話ですけど
！
あのとき
吉埜は
ほっと
していた
ようやく
相談に乗って
くれる人ができた
頼れる人たち
に出会ったと
だから
しばらくぶりに
力を抜いてテレビに
見入っていたのだ

そうですか
そうだったんですね……！
甲斐はひとりの治療を始めると
やがてその人が渦中の家族を連れてきて紹介される経験を何度もしていた
いつか吉埜が実母を連れてくるかもしれない
そのときはふたりの話を聞き
先に見えてくる道を一緒に歩こうと思っていた

第１話

親ってなんですか━後編

八尋《やひろ》の奮闘
市医療センター
診察室
それでは全身を診《み》てみましょうね
ななみは1歳3か月になった
シャーン
シャーン
シャン

支えなくても座っていられるようになりましたね！
コクン
んー
できること増えてきましたね
だいぶ安定しています
病院近くの子ども発達センターで
ななみの運動の発達を促すための機能訓練が続けられていた
「梁《はり》」の部分を支えるふたつめのバトンを一村《いちむら》は託したのだった
一村自身はななみの身体の発達を目で確かめることができるようにと
発達指標の用紙を吉埜《よしの》に渡していた

たとえば鉛筆を持って殴り書きをするようになると
コップの中のものをつまんで出したり
積み木を重ねることができるようになる
発達を促すためにはそのような経験を遊びの中で練習すればよい
子どもの育ちってね
すごく幅が広くてそれぞれなんです
ななみちゃんは前回に比べてお座りが安定してきたし
体がしっかりしてきましたよね
これからも必ずいろいろなことができるようになってきますから
周りの子どもに比べると少し遅れるかもしれないけれど
増えてきますよ

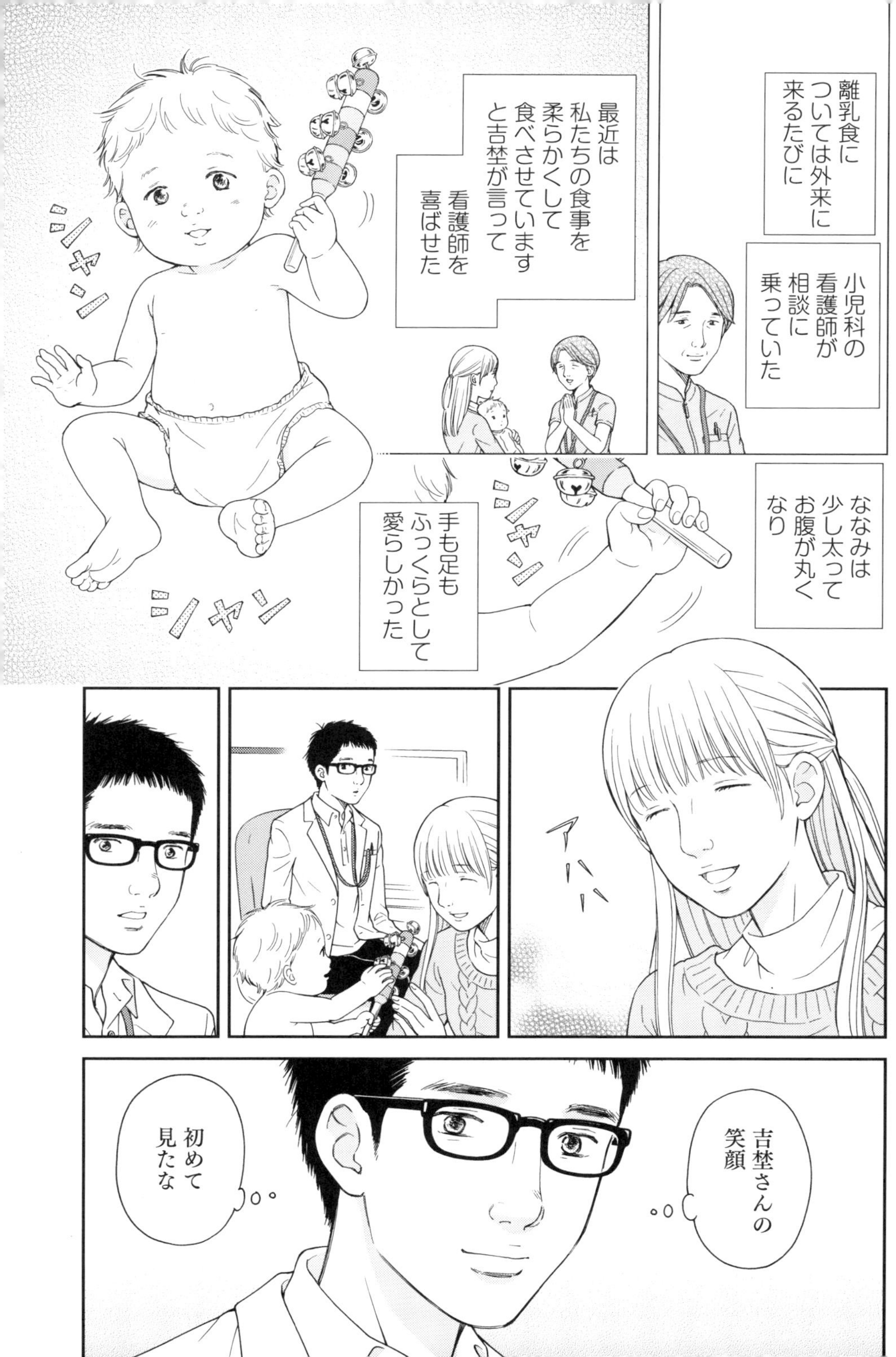
離乳食について外来に来るたびに
小児科の看護師が相談に乗っていた
最近は私たちの食事を柔らかくして食べさせています
と吉埜が言って看護師を喜ばせた
シャン
シャン
シャン
ななみは少し太ってお腹が丸くなり
手も足もふっくらとして愛らしかった
アハハ
吉埜さんの笑顔
初めて見たな

201
浅賀
こんにちは！
近くを通ったので寄らせてもらいました
ななみが顔にけがをして以来八尋《やひろ》は神流《かんな》と連絡を密にとり
通りがかりに吉埜の家に寄る回数を増やしていた
何か気になってることある？
今ちょっと落ち込んでいるんです
あの子が泣くとどうしていいかわからなくて

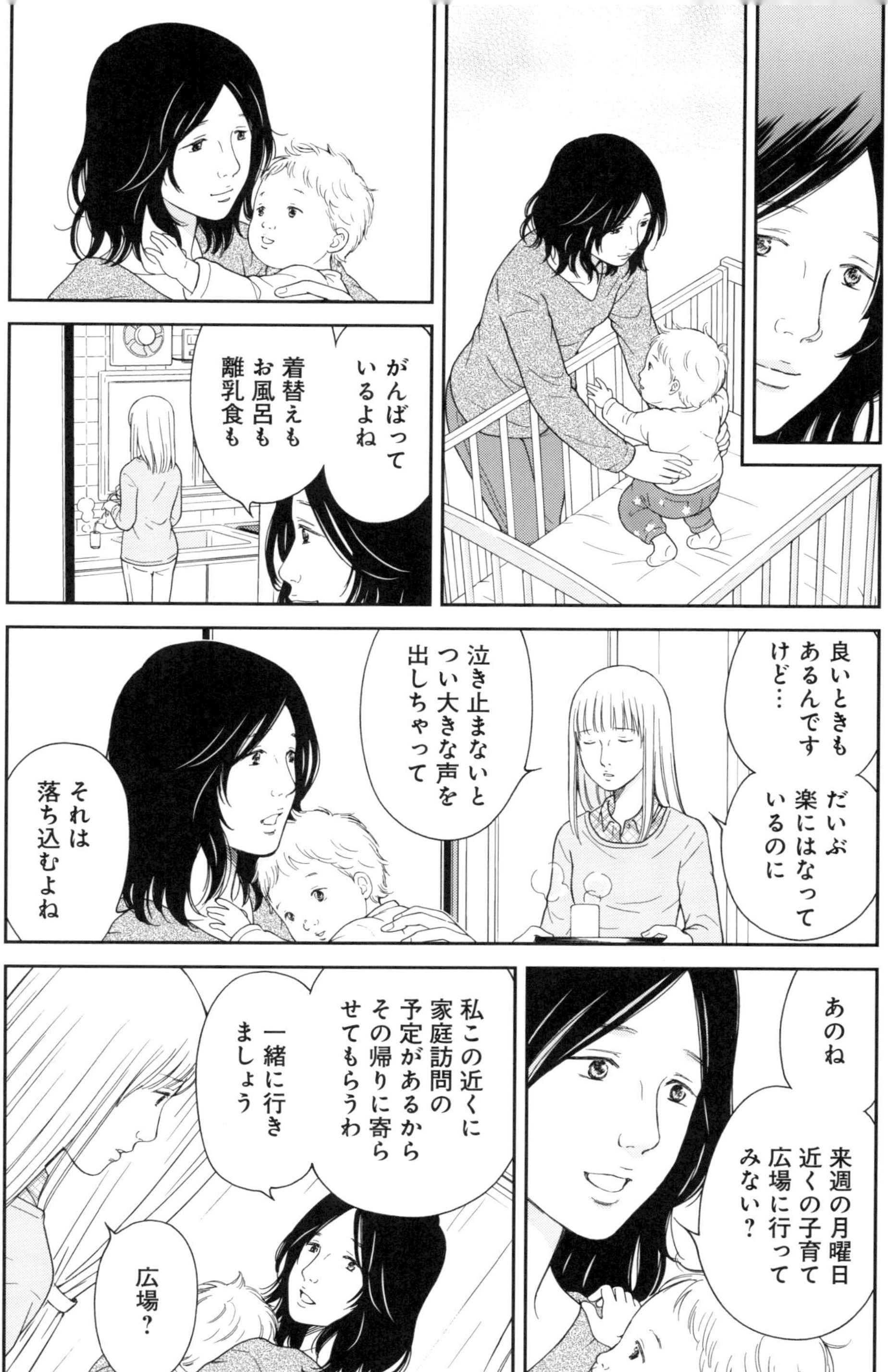
がんばっているよね
着替えもお風呂も離乳食も
良いときもあるんですけど…
だいぶ楽にはなっているのに
泣き止まないとつい大きな声を出しちゃって
それは落ち込むよね
あのね
来週の月曜日近くの子育て広場に行ってみない？
私この近くに家庭訪問の予定があるからその帰りに寄らせてもらうわ
一緒に行きましょう
広場？

だ
だめです…
誰かと会ったり話したりするのは苦手なんです
一か月健診が済んだばかりの赤ちゃんを連れてくる人もいるのよ
すごく不安なんだって
自分のやっていることが合っているのかどうかって
そんな小さい赤ちゃんを？
大変ですよね
きっとどうしていいかわからないでしょうね
困っているお母さんがいたら教えてあげてほしいの
教える？

私がですか？
いまみたいに
大変ですねって言ってあげるだけでも
相手のお母さん楽になれるんじゃないかな？
いまの吉埜には居場所が必要だった
そして友だち
生まれた家育ててくれた人が心の安全基地になればそれ以上のことはない
だがそれが不安定でも友だちができ
認め合える関係になれば人は前を向いて生きられると八尋は信じていた
翌週ふたりは吉埜の家の近くにある子育て広場にいた
朝9時から午後4時まで0歳から3歳くらいまでの子どもに開放されている

広さは20坪ほどで床には柔らかなウレタンが敷き詰められ
プラスチック製の小さな滑り台や動物の乗り物
カラフルなボールや積み木が置いてある
あっ ほらほら あれを見て
コロコロ
1歳になる女の子が母親に向かってボールを転がしては返してもらい
声をあげて笑っている
まだうまく立てないのでハイハイでボールを追っている
今朝早くからこの子が泣いて
泣き止まなくて困ってしまって
泣かれると困るわね
あっ
こちらは浅賀《あさか》さん
お子さんは1歳過ぎたところなの
子育てについてお話を聞いてみたら？

助かります
私は田代《たしろ》と言います
よろしくお願いします
あ 浅賀です あの
吉埜は戸惑っていたが
田代の明るい様子に安心したようだった
ふたりの話が展開するのを待って
八尋は広場を見守っていた年輩の女性を連れてきた
浅賀さん
こちらは佐竹《さたけ》さん
元保育士でいまは主任児童委員という仕事を引き受けているの
子育ての先輩だし広場に来たらいろいろ相談するといいわよ
八尋は折あるごとに自分の担当地区の町会長や自治会長
これに民生委員主任児童委員など
子育て支援に関わる人たちにあいさつに出向いていた

長期にわたり
子育てを
支援するには
最初は保健師が
関わることに
なっても
その後は
地域の人たちと
共に見守って
いけるように
する
多くの人たちを
つなぐ仕事が
とても大事だった
あいさつに行き
子育て支援を
お願いしたいと
言ったとき
「私でよければ
手伝いますよ！」
と言ってくれる
人たちと交流を
深め
人柄を
知るように
心がけてきた
かわいい
お子さん
ですね
お名前は？
ななみ
です
ななみちゃん
よろしくね
ス…

佐竹はごく自然にななみを抱いた
何をして遊ぼうか？
警戒せずに抱かれたので吉埜が驚いた顔をした
佐竹はプラスチック製の積み木を出して見せた
ななみが並べたがるとそれに合わせて手伝い
声をかけ褒めた
ぽぃ
コロコロ
コロコロ
コロコロコロ…

八尋は翌週も
吉埜を
子育て広場に
誘った
最初は
尻込みして
いたが
ふたりの子どもを
連れてきた
母親から
生後9か月
くらいから
子どもの発達を
心配するのは
他の親でも同じだ
と 聞いたときには
とても安心した
ようだった
やがて幼稚園へ
市医療センター
立てますね！

ななみは 1歳 6か月に なっていた
つかまり立ちをしても ぐらぐらしないし 転ばなくなりました
それに ときどき ひとりで 立つんです
両手をついてから お尻を持ち上げて
はいはいで 行きたいところにも行けます
発達センターで 機能訓練をしていただいているからです
もうすぐ歩けるようになるよ 体の発達が追いついてきたよ と言っていただけて
とても励みになっています
それから 一村先生からいただいた 発達指標を見て練習したり
外に出て ななみを遊ばせるように気をつけています
相変わらず 言葉を選ぶように話しているが いまの状態を理解し
つぎの一歩を考えるゆとりができている
ななみは 吉埜の膝に戻ると 持ってきた積み木に触っていたが
やがて口に入れてなめ 持ち直して振ったりたたいて音を確かめたりを繰り返している
歯は上下の前歯と横の歯が順調に生えてきていた

マンマ
ンマ ンマ
ポンポン
あとで バナナね
とても上手に ななみちゃんに 声かけされて ますね
お風呂に 入れると すごくしゃべる んです
水を ばちゃばちゃさせて 大変ですけど
ありがたい くらい成長して います 先生
市医療センター
ふたりとも よく ここまで がんばり ましたね！

2年半後の3月
診察室
ななみは3歳3か月になった
少し前から小児科への通院は2か月おきになっていた
先生 おかげさまで ななみが通う 幼稚園が決まりました
吉埜は顔を上げ目を見て話せるようになっている
よかったね ななみちゃんにも友だちができるし
お母さんも少し息抜きができるし

先生に出会えて
それからたくさんの人がサポートしてくれて
本当にありがたいです
初めて
吉埜がはっきりと感謝の気持ちを口にした
最近 娘は子育て広場でほかの子どもたちと話しながら遊ぶんです
言葉の数が増えましたねって子ども発達センターの先生もほめてくれて嬉しいです
それから広場に置いてある滑り台からひとりで 滑り降りられるようになりました
これからもっともっとできることは増えていきますよ
ななみちゃんはもう大丈夫

来月幼稚園に入園するし もう通院と治療は 必要ありませんよ
ですので次の外来を最終回としましょう
親子は大きな危機を脱した
初診から2年半の歳月が経ち
病院を離れて暮らしていくときが来ていた
ななみは4月から幼稚園に入る
そこには一村が信頼する園長がいた
だが実は入園希望をだしたときすぐに受け入れてもらったわけではない
一村が何度か電話し神流が調整し八尋は直接出向いた
3人ともあきらめなかった
幼稚園

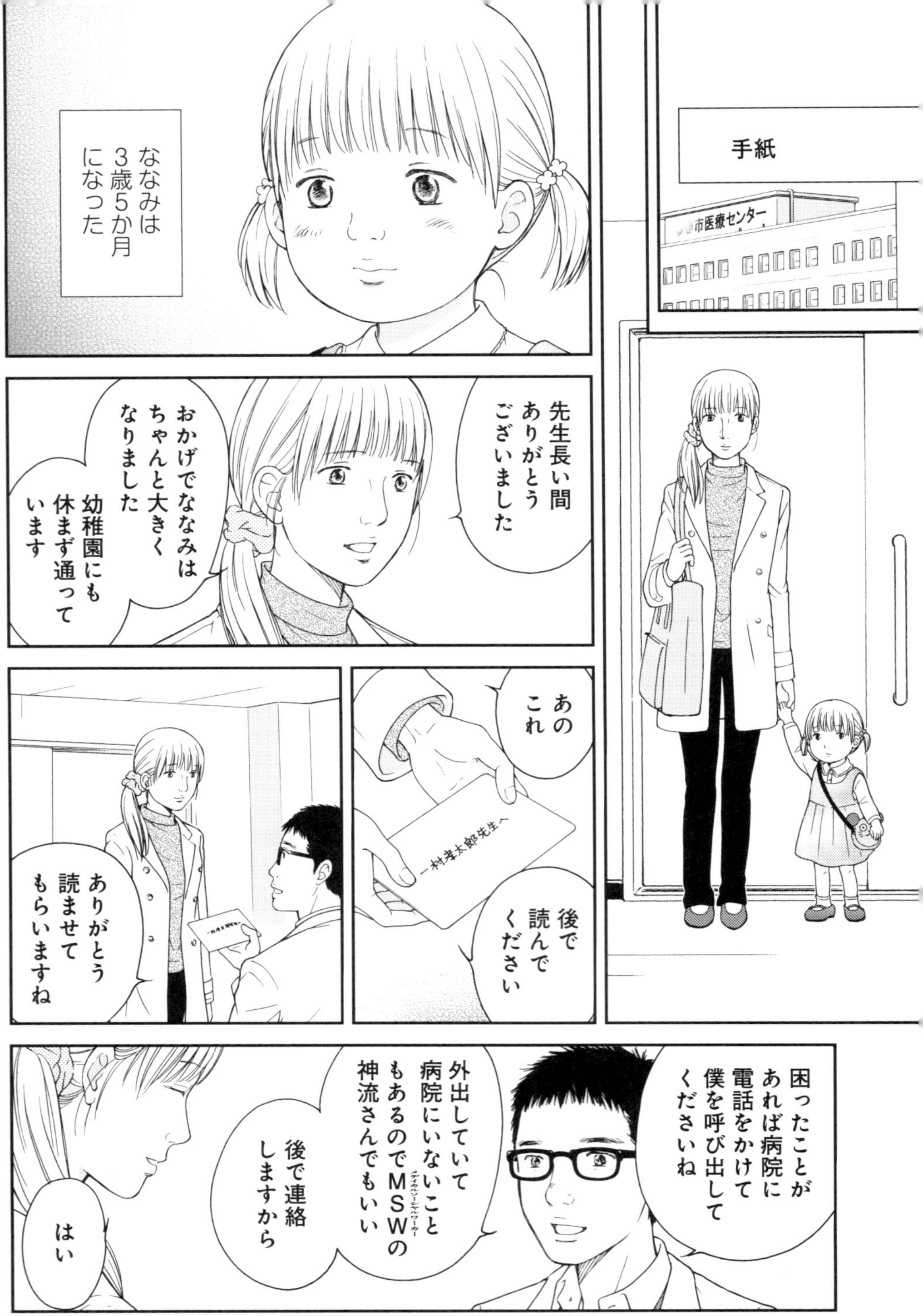
手紙
市医療センター
ななみは3歳5か月になった
先生長い間ありがとうございました
おかげでななみはちゃんと大きくなりました
幼稚園にも休まず通っています
あのこれ
一村孝太郎先生へ
後で読んでください
ありがとう読ませてもらいますね
困ったことがあれば病院に電話をかけて僕を呼び出してくださいね
外出していて病院にいないこともあるのでMSW《メディカルソーシャルワーカー》の神流さんでもいい
後で連絡しますから
はい

満点
100%の育児を
目指さなくて
いいんだよ
子育て
できなくなっ
ちゃうから
60点でいい
病院の
電話番号を
携帯に登録
してあります
困ったとき
電話
します
いつの間にか
大人びて
落ち着いた
お母さんに
なっていた

ななみ帰りましょう
シャンシャン
シャンシャン
これかい？
シャン
これあげよう
大好きだものね
アリガト
言葉の数は幼稚園に行くようになってからどんどん増えているようだった
幼稚園という子どもの集団に入って
色々な経験をして心も体も成長している
ペコリ
ドアへ向かった吉埜はもう一度振り返り
本当にありがとうございましたと言った

表情がとても明るくなりすごく軽やかになった
と一村は感じた
もう白黒の世界は見えない
バァイバイ
ばいばい

一村孝太郎先生へ
一村孝太郎《こうたろう》先生
長い間ななみを診ていただき本当にありがとうございました
9か月のときに先生にお目にかかりいまは3歳5か月
体の発達はもう他の子どもと変わらなくなりました
昨日元気に走り回るななみを見ていたら
出産した日のことを思い出しました
高校を卒業した私は夫のアパートに住んでいました
母とはぎくしゃくしていて行くところがなくて
高校時代に優しくしてくれた彼を頼ったのです
当時はまだ結婚していませんでした

子どもが欲しかったわけではなく
妊娠しているとわかっても現実感がなくて
迷っているうちにななみが生まれてしまいました
育てるとはどんなことなのか想像もできなかった
その後夫とは籍を入れました
先生は何度目かの外来で
「困っていることはありませんか?」と聞いてくれました
お医者様がそんなふうに聞いてくれるなんて思わなくて驚きました
それから先生とお話するようになりました
自分のことを話すのは初めてでした
緊張して言葉に詰まっても先生は聞いてくださって時計を見たら40分も経っていて
そんなに長い間話せた自分に驚きました

いつだったか
私は
「親とは
なんですか」と
先生に聞き
ました
そのとき
「子どもを産んだ
からって親になる
わけじゃない
みんな育てながら
悩みながらだんだんと
親になるんだよ」と
教えていただいたことは
忘れません
ななみが生まれて
はじめは
つらかったけど
先生の外来に来て
声をかけて
もらってすごく
救われました
先生のおかげで
私はたくさんの
人たちと知り合い
ななみを育てる
ことができました

いまでも
どうしていいのか
わからないと思う
ことはたくさん
あります
でも
困ったときは
「困っています
相談に乗って
ください」と
言えるように
これからを
生きていこうと
思っています
先生と
出会えて
よかったです
長い間本当に
ありがとう
ございました
浅賀吉埜
封筒の中に
一枚の写真が
入っていた
へその緒を付けた
生まれたばかりの
赤ちゃんを胸に
抱いた吉埜が
写っていた

子どもっぽい赤いパジャマを着て困ったような顔をしている
この写真と向き合うときが来たのだろうか
一村は手紙に添えられた写真の訳《わけ》を推し量った
しかし……
子育ての悩みが一段落してもななみが成長すれば
思春期や反抗期を迎え思いどおりに育てられなくなるかもしれない
学校の成績や進学などさまざまなことにも対応していかなければならない
子どもとの向き合い方に迷う葛藤は
実母との関係を見つめ直すことにつながり

やがて専門家による
サポートを必要とする
ときが来るのかも
しれない
会計
甲斐《かい》は父親を
病院に呼んで
話をしていた
聞いた話に
よると

父親は結婚するには早すぎ 覚悟もできないうちに急に娘が生まれた
父親といっても何をしていいのかわからず仕事も忙しくて
子育てに時間を取られる吉埜と思いがすれ違っていた
と言ったらしい
愛し合ったというには幼い出会いだった
彼もまただんだんと親になっていくのだろうかと一村は思った
シャン
シャン
助けを求めていいんですよためらわないで
僕は信じています

人を助けるのは
また人である
と――……
ななみに病名をつけるとしたら
良性筋緊張低下《りょうせいきんきんちょうていか》ということになる
発達は数か月遅れたがもう心配はない
外来を離れたあとの様子を直接見られないことが
一村には大きなジレンマだった
だが この後の支援体制は地域の関係機関と病院とですでに確認していた

※FASTは2009年の立ち上げから10年目を迎えようとしている
2017年度に一村たちFASTが支援に入った394ケースのうちには
妊娠期からの継続支援も含まれる

昨日の深夜
若い女性の
飛び込み分娩
があった
報告を受けた
一村は即座に
FAST会議を
招集した
MSW《メディカルソーシャルワーカー》の
神流と
舟木咲良《ふなきさくら》
小児救急看護
認定看護師の
花井《はない》
田村百合《たむらゆり》
下山朱里《しもやまじゅり》が
集合していた
お母さんの
お名前は
加山澪《かやまみお》さん
年齢は
19歳です
現在
短大に通学中で
当市のアパートに
ひとり暮らしです
市に問い
合わせたところ
母子健康手帳は
未発行
妊婦検診も
受けて
いません
したがって
当市では
澪さんのことを
把握して
いませんでした

※FAST：病院内の家族支援チーム(Family Support Team)

遠方に住んでいるご両親は妊娠のことをまったく知らなかったということで…
まだ生まれたお子さんのお父さんのことはわかっていません
私は産婦人科病棟で澪さんとお話ししたのですが
出産を受け入れられない様子で混乱しておられました
ご両親に来ていただいて時間をかけて
今後のことを話す必要があると思います
ぼくは産婦人科の担当医に医学的な意見を聞きました
生まれたのは男児で出生後の経過は順調とのことでした
突然の妊娠・出産であると思われ
未婚・若年・妊婦健診未受診など社会的な側面を総合して考え
市に通告して関係機関と連携することにしましょう

赤ちゃんが無事に生まれて良かったです
お母さんも元気で良かった
一刻も早く関係機関とサポートに入りましょう！
はい
そうですね一刻も早く
――一刻も早く……
市医療センター

救命救急センター
お願いします
息子を診《み》てください!
いつごろこのようになりましたか?
わからない…
わからないんです
気がついたらこうなっていて………
先生なんとかしてください!
悠太《ゆうた》が死んじゃうっ………!!
師長!
小児科に誰かいないか連絡して!
ハイ!
バタバタ
RRRR
はい門脇《かどわき》

第2話
十字架を背負って―前編
10か月の男の子急患 CPA※で救命医が蘇生の最中です！
急いで救急外来に来てください!!

※CPA＝心肺機能停止

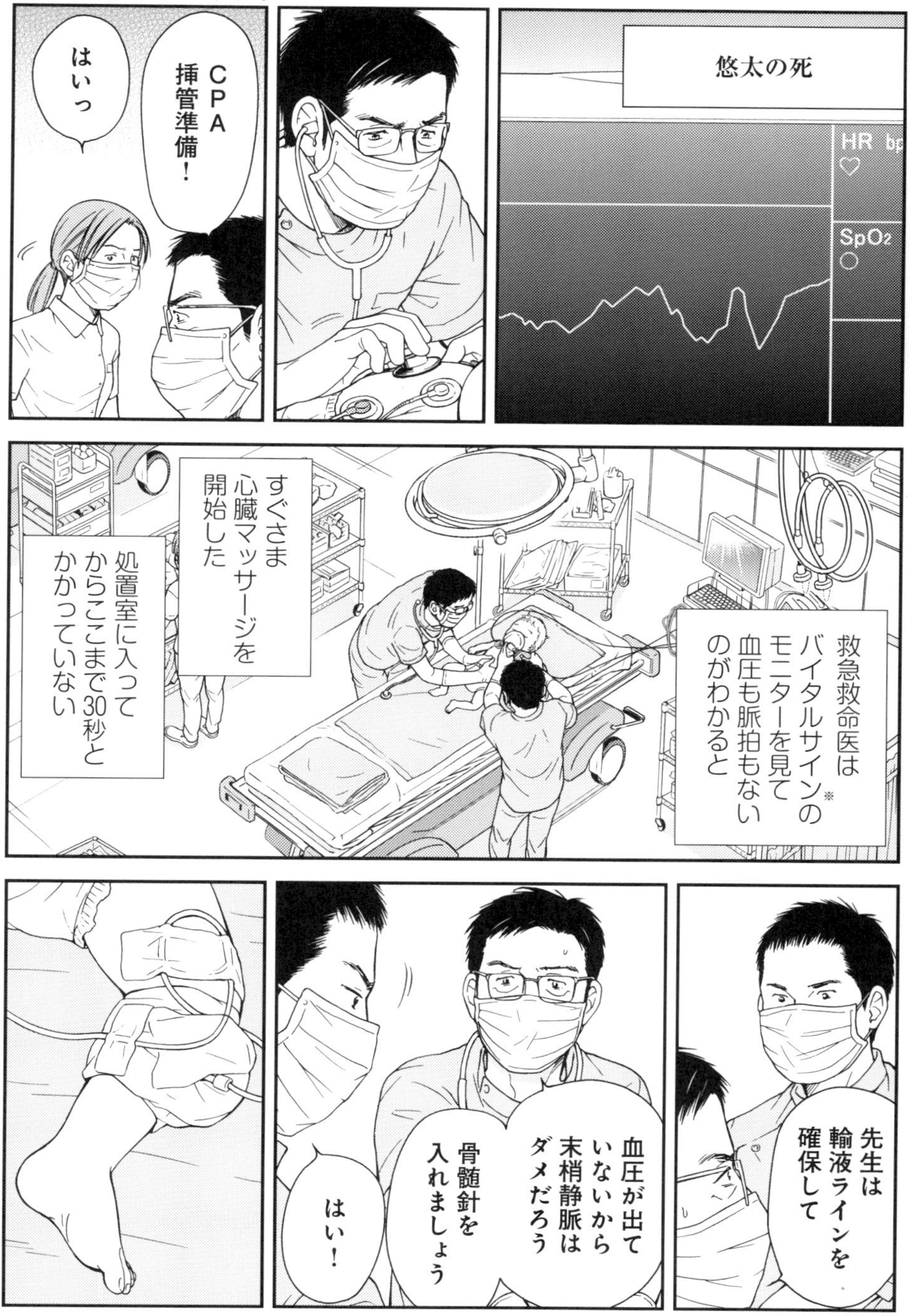
悠太の死
HR bp
SpO2
CPA挿管準備！
はいっ
救急救命医はバイタルサイン※のモニターを見て血圧も脈拍もないのがわかると
すぐさま心臓マッサージを開始した
処置室に入ってからここまで30秒とかかっていない
先生は輸液ラインを確保して
血圧が出ていないから末梢静脈はダメだろう
骨髄針を入れましょう
はい！

※バイタル（vital=生命）サイン（sign=徴候）。意識、血圧、脈拍、呼吸、体温の状態をもとに、命の危険が迫っていないかどうかを判断する。

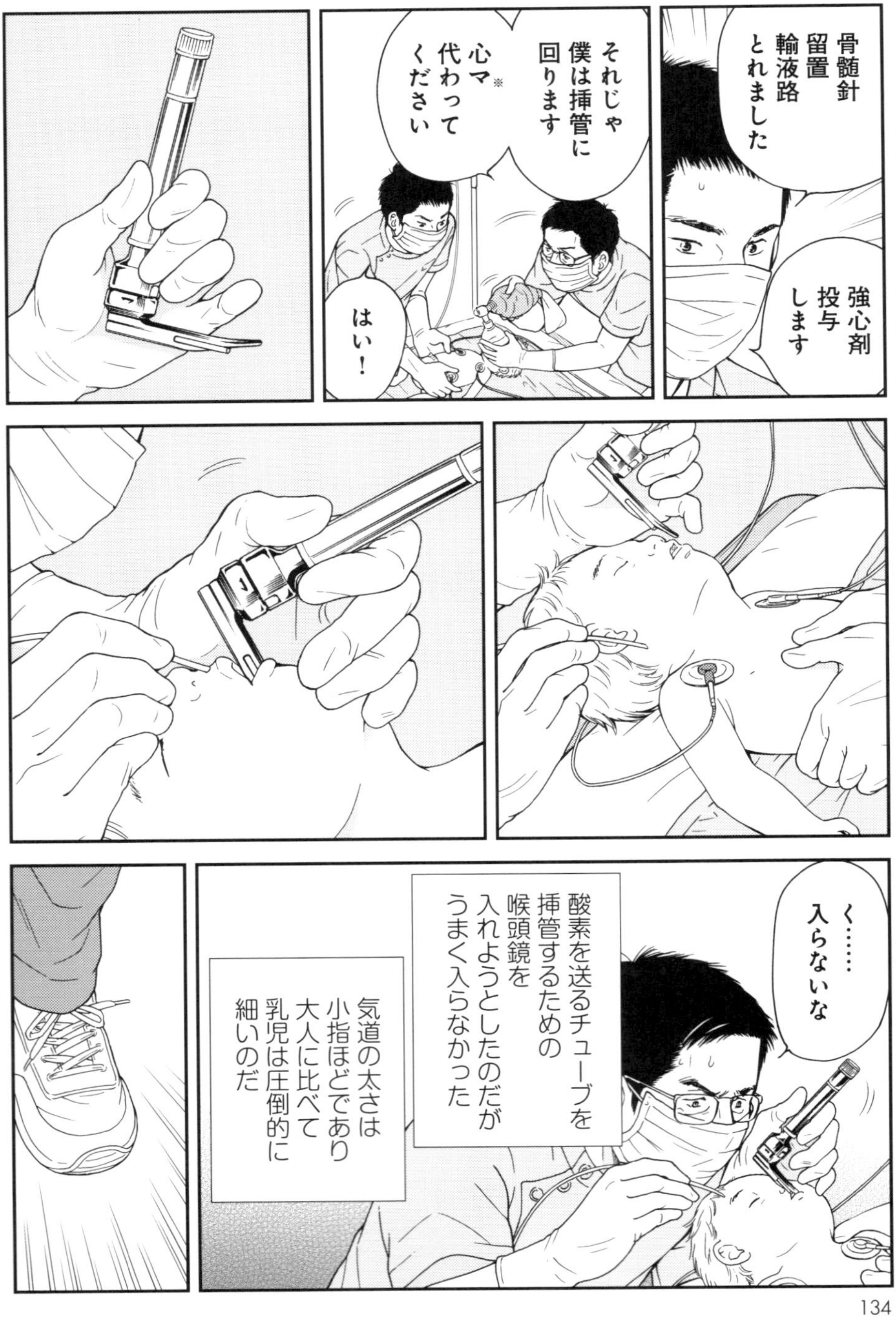
骨髄針留置輸液路とれました
強心剤投与します
それじゃ僕は挿管に回ります
心マ※代わってください
はい！
く……入らないな
酸素を送るチューブを挿管するための喉頭鏡を入れようとしたのだがうまく入らなかった
気道の太さは小指ほどであり大人に比べて乳児は圧倒的に細いのだ

※心マ=心臓マッサージ

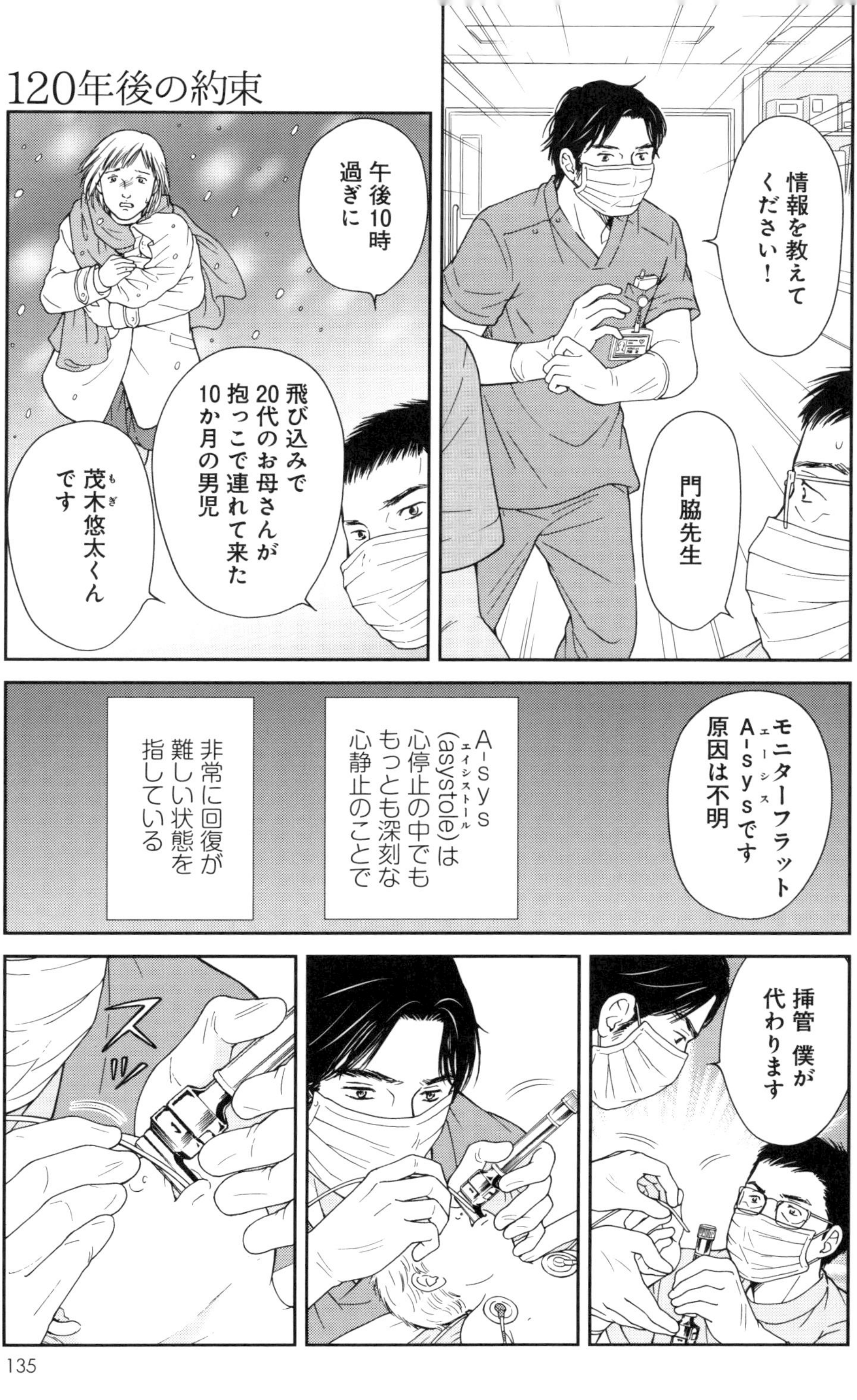
情報を教えてください！
門脇先生
午後10時過ぎに
飛び込みで20代のお母さんが抱っこで連れて来た10か月の男児
茂木《もぎ》悠太くんです
モニターフラット
A-sys《エーシス》です
原因は不明
A-sys(asystole《エイシストール》)は心停止の中でももっとも深刻な心静止のことで
非常に回復が難しい状態を指している
挿管 僕が代わります
スッ

門脇は悠太の頭側に立ち素早くチューブを挿入した
マスクバックをつないで酸素を送り込むと悠太の胸が上下しはじめる
マスクバック引き受けます
では僕は心マ交代します
グッ
門脇は小さな胸を両手の平で包むようにして親指で垂直に圧迫しはじめた
がんばれがんばれ！
そして目視で全身を確認する

日中なら院内にいて手が空いている医師らが多数集まって対処するような事態だったが
いまは救命医2名と医師4年目の小児科医の門脇捷《しょう》の計3人のみ
救命救急センター
できうるすべてのことを全力で行うだけだった
前回の強心剤から4分経ちました！
もう一回強心剤を入れてください
4分ごとにモニターチェックし蘇生を継続する
血液ガスの結果は？
PH 6.7です

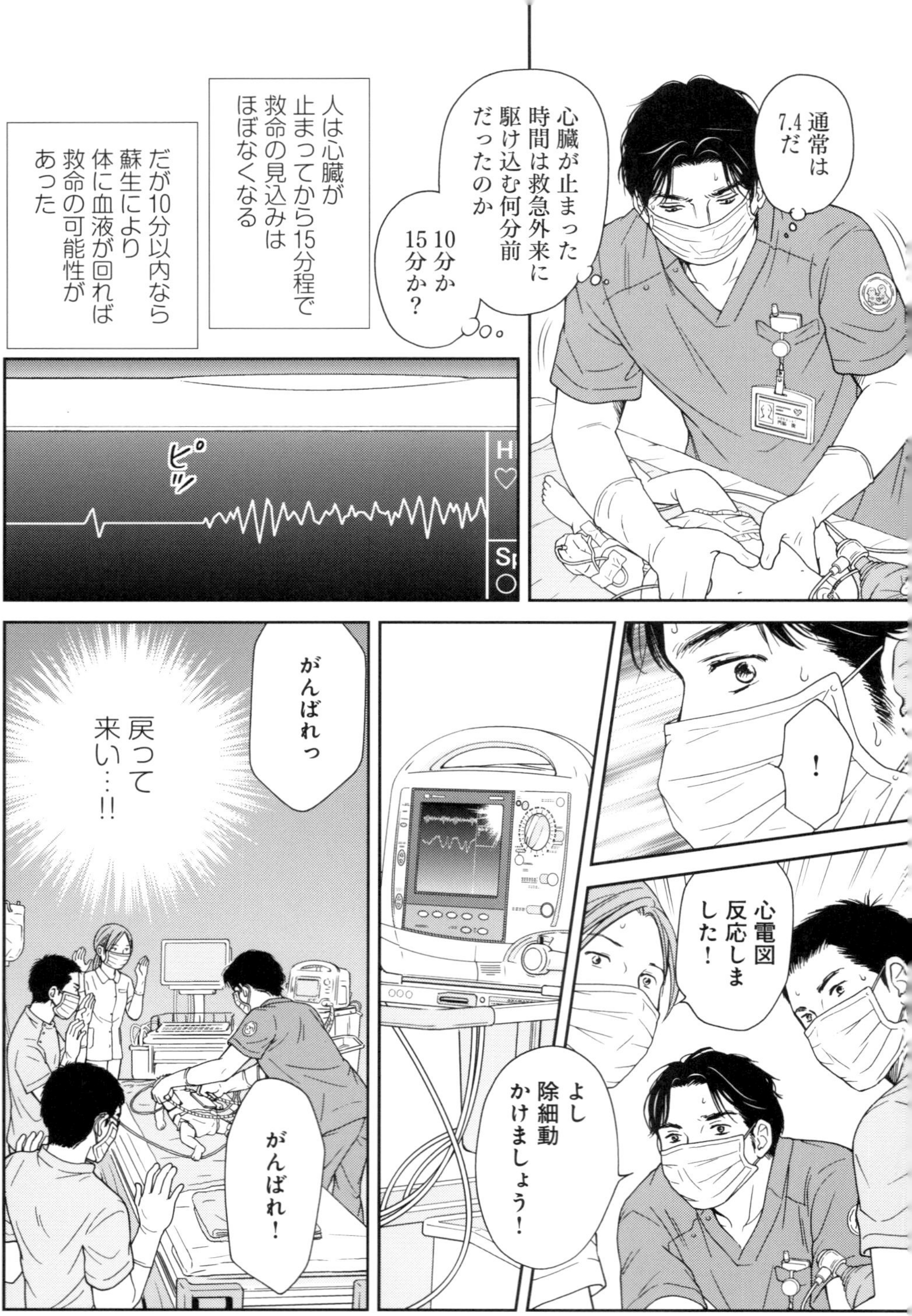
通常は7.4だ
心臓が止まった時間は救急外来に駆け込む何分前だったのか
10分か15分か?
人は心臓が止まってから15分程で救命の見込みはほぼなくなる
だが10分以内なら蘇生により体に血液が回れば救命の可能性があった
ピッ
!
心電図反応しました!
よし除細動かけましょう!
がんばれっ
戻って来い…!!
がんばれ!

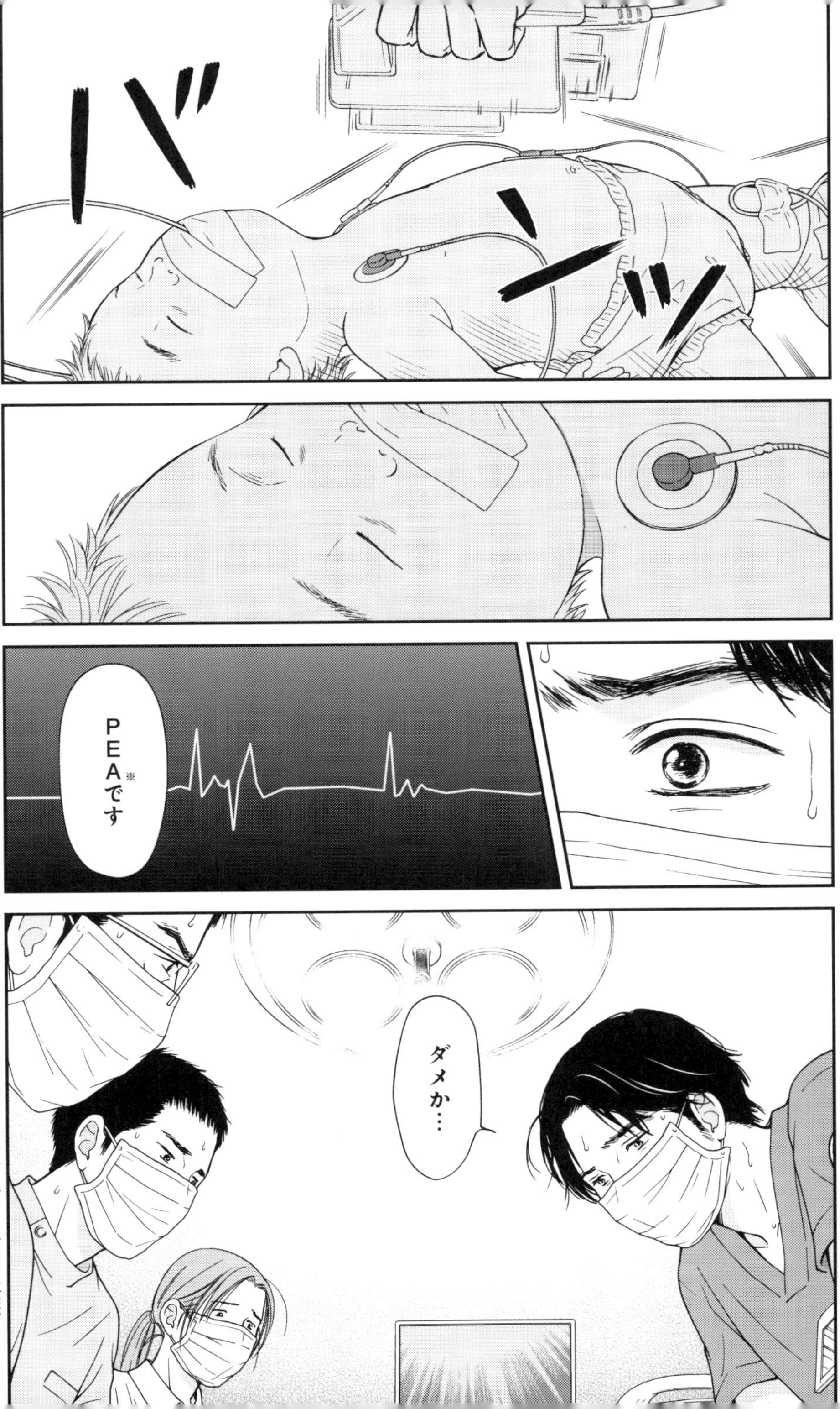

※心停止の一種。心電図には波形が出ているが、心拍動が認められない状態。

心マ再開します！
よし！続けよう！
もう1時間か……
ご両親は外？
はい待合室に
お母さんは不安定になっておられるので看護師がついています
お父さんも先ほど到着しました
勤務先が遠方だそうでタクシーを飛ばしてきたとか
医師からおふたりに説明がありますと伝えてください…

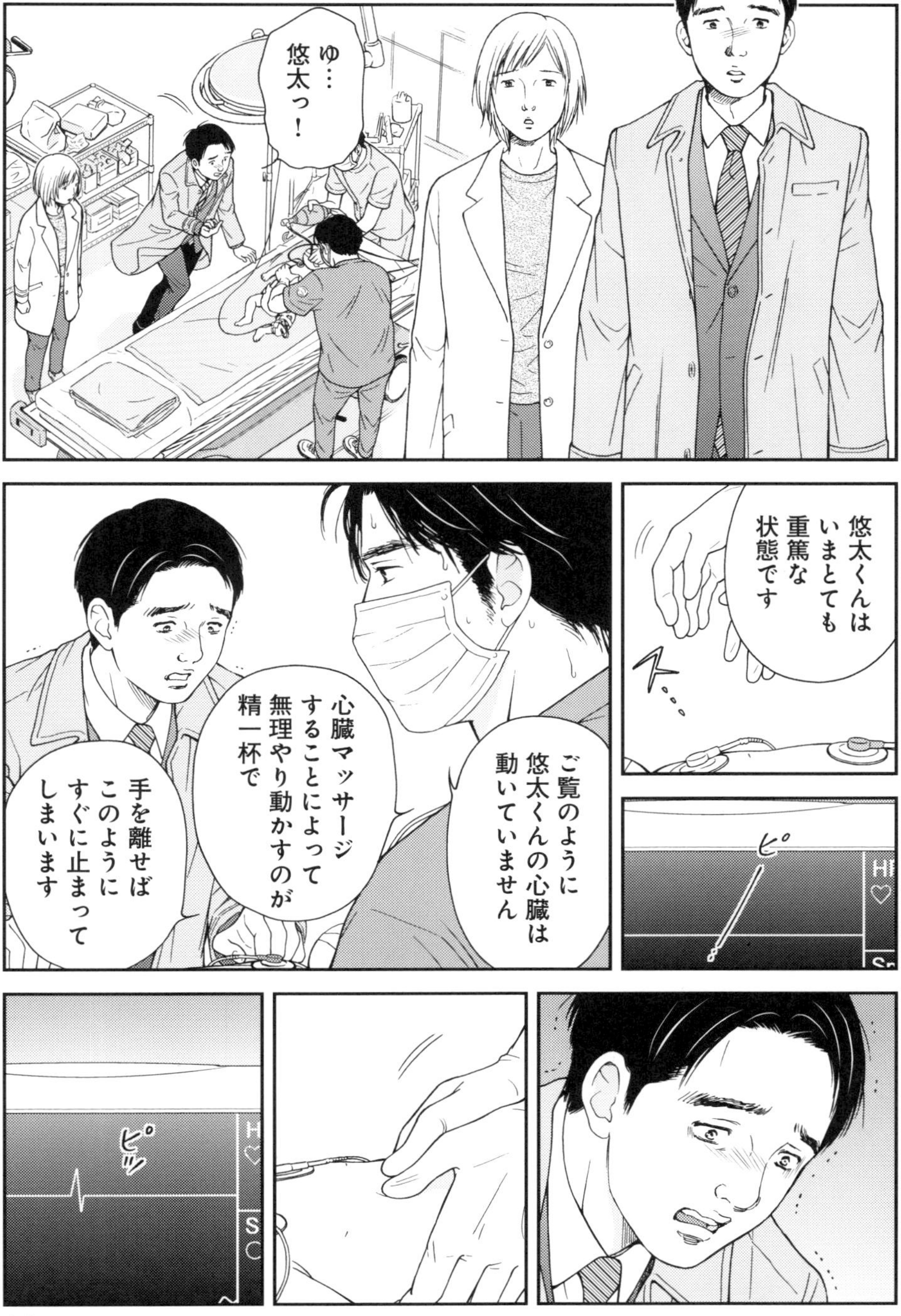
ゆ…
悠太っ！
悠太くんはいまとても重篤な状態です
ス…
ご覧のように悠太くんの心臓は動いていません
心臓マッサージすることによって無理やり動かすのが精一杯で
手を離せばこのようにすぐに止まってしまいます
ピ
ピッ

私たちは懸命に1時間いろいろな努力を重ねましたが
もはや回復することは見込めない状態です
これ以上は悠太くんを苦しめるだけだと医師として判断します
これで最後のお別れになりますが
心臓マッサージ蘇生行為を終わりにしようかと思います
よろしいですか？
………
…ほ
本当に……
本当にもう駄目なんですか？
最大限のことをしたのですが……
力およびませんでした

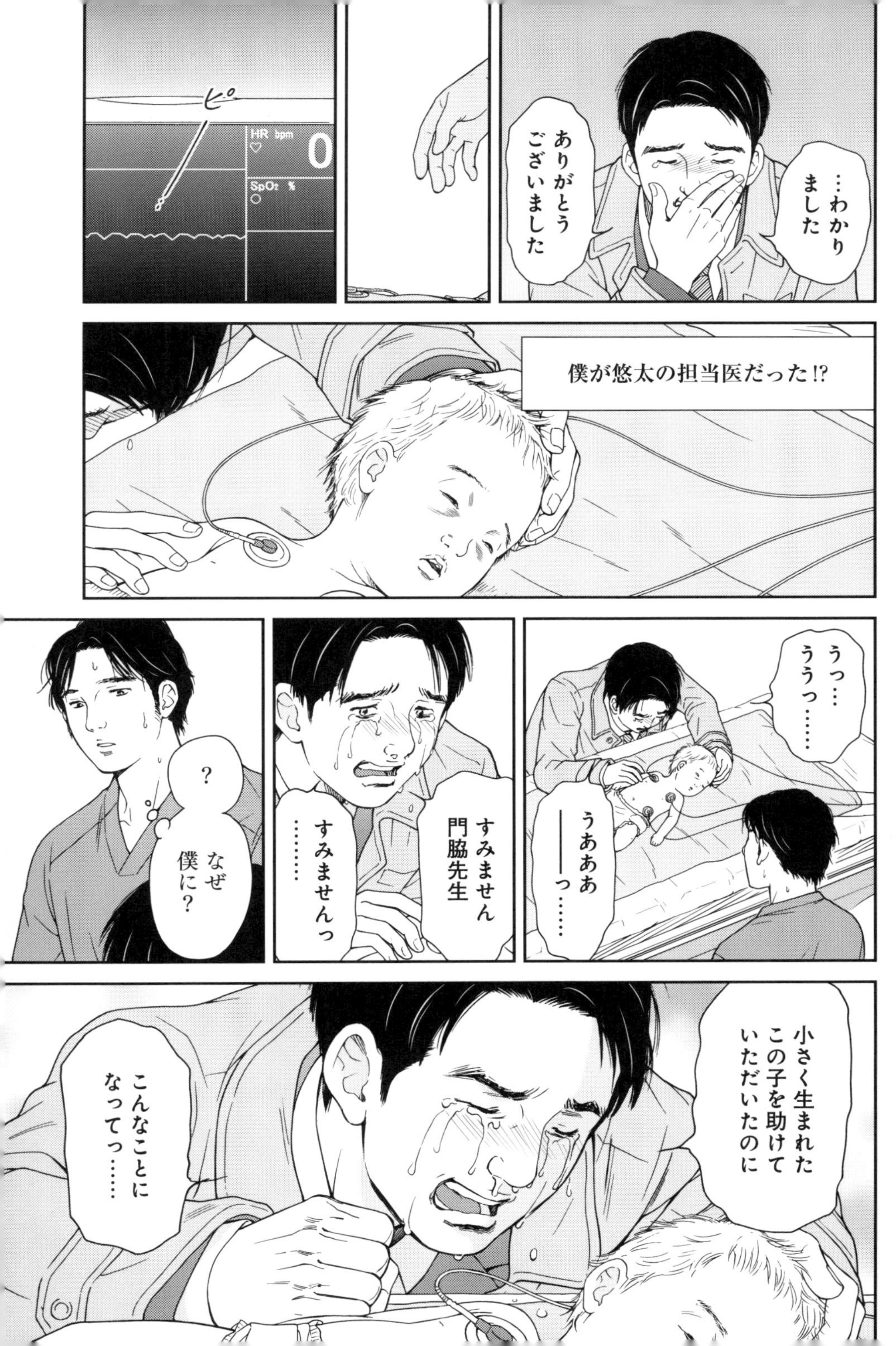
…わかりました
ありがとうございました
ピ
HR bpm
0
SpO2 %
僕が悠太の担当医だった!?
うっ…うううっ……
うああぁ──っ……
すみません門脇先生
すみませんっ………
?
なぜ僕に?
小さく生まれたこの子を助けていただいたのに
こんなことになってっ……

はっ
思い出した 悠太… 茂木悠太くんだ
お父さんと僕は この前 会ってるじゃないか
悠太は定期的に 通院している 子どもだったが
あの日彼は 息子がかぜを ひいたようだと 救急外来に やってきて
当番だった 門脇が診察 したのだ
彼は 礼儀正しく 挨拶したあと
人懐っこい 笑顔を見せた
先生
NICUでは ありがとう ございました!

悠太は1,800グラムで生まれた低出生体重児で
NICU(新生児集中治療室)に入院していた
担当医は門脇だった
彼が息子の見舞いによくやってきた男性だと気づいたのは
いつも身だしなみを整え挨拶を欠かさない人柄だったせいだ
だが悠太のことはうっすらとしか覚えてなかった
低出生体重児は2,500グラム未満で生まれた子どもの総称で
1,500グラムに満たない子どもは極低出生体重児
1,000グラムに満たなければ超低出生体重児と呼ばれる
こうした子どもたちは十分に成育する前に生まれてしまったため
出産後すぐにNICUの保育器に入れて成長を管理しなければならない

門脇はその NICUでも 働いていた
だが地域の 中核であり 高度な医療を 行っているこの 病院では
低出生体重児は 1年に何十人も 生まれ 日々対応している
医師として 極低出生体重児や 超低出生体重児
あるいは 医学的に 重症であれば 覚えていただろう
だが カルテによれば 悠太は順調に 体重が増え
予定どおりに 1か月程度で 退院していた
医学的に トラブルがなければ 印象には残らない
しかも どの乳児も 退院後は 彼の手を離れ
他の小児科医が 外来で経過を 診るシステムに なっていた

退院後は会ったことがなく
偶然に診察したときも症状は軽かったため
記憶に留まることはなかったのだ
こんなときですが……
いくつかお聞きしなきゃいけないことがあります
お母さん
悠太くんが急変したのは何時ごろですか？
……何時だったか……
夫が当直で帰宅しない日なのでテレビで映画を見ていて
悠太がなかなか目を覚まさないなと思って
ベビーベッド見たら動かなくて……

名前を呼んだり揺さぶったりして……
それであの…
気がついたら病院に来ていました…
この病院にはどうやって来られましたか？
近くに住んでいるので歩いて…
□□中央病院
救急車を呼ばなかったのですか？
パニックになって……思いつきませんでした
家を出るときお子さんの意識はありましたか？
意識…あったかどうか
とにかく無我夢中で……覚えていません
お子さんの腕に歯形がついていましたが
歯形？
ええ左腕に
そ…それは…
悠太を起こそうとして
噛んだかもしれません…

そうだったんですか…
母親は動転していた
門脇はあいまいな説明をいたしかたないものとして信じた
私が当直を断って家に居れば……
妻をひとりにしなければこんなことには………
あ…
グラ
!
大丈夫かい!?
横になりますか!?
いえ大丈夫です

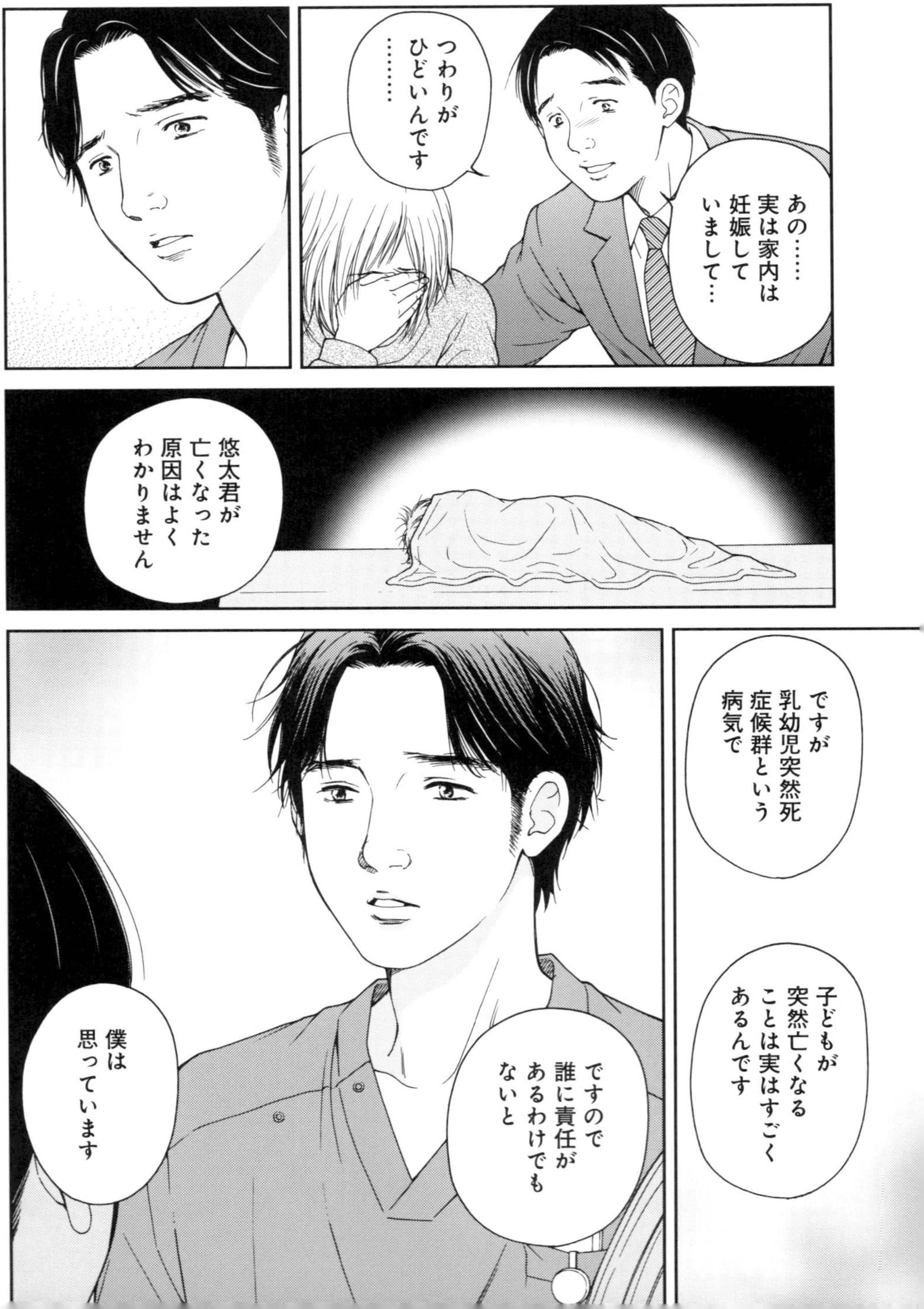
あの……実は家内は妊娠していまして…
つわりがひどいんです……
悠太君が亡くなった原因はよくわかりません
ですが乳幼児突然死症候群という病気で
子どもが突然亡くなることは実はすごくあるんです
ですので誰に責任があるわけでもないと
僕は思っています

ですがこういう経過や死因が不明の場合は
法律によって異状死の届を警察に出すことになっています
あとで警察の方がご遺体を確認し
ご両親にもお話を聞くと思いますので
「異状死」については医師法第21条に
「医師は死体又は妊娠4か月以上の死産児を検案して異状があると認めたときは
24時間以内に所轄警察署に届け出なければならない」と書かれている
数十分後警察がやってきた
門脇は知る限りのことを話し
悠太の遺体は警察車両に収められた
警察で遺体の検視を行うためだった

両親も促されて
もう一台の車に
乗り込んだ
救命救急センター
バタン
翌朝
僕のせいじゃない
………次のニュースです

はい
コーヒー
ありがとう
生後10か月の
男児殺害容疑で
母親が逮捕されました
場所は
――
えっ!?
ガシャッ
わっ
ちょっとっ
母親は殺害を
認めており
育児に疲れ果てた
末の出来事だと
いうことです
悠太君の
お母さんが
逮捕!?
ドクン
ドクン
ドクン
警察からも
病院からも
連絡はきて
いない

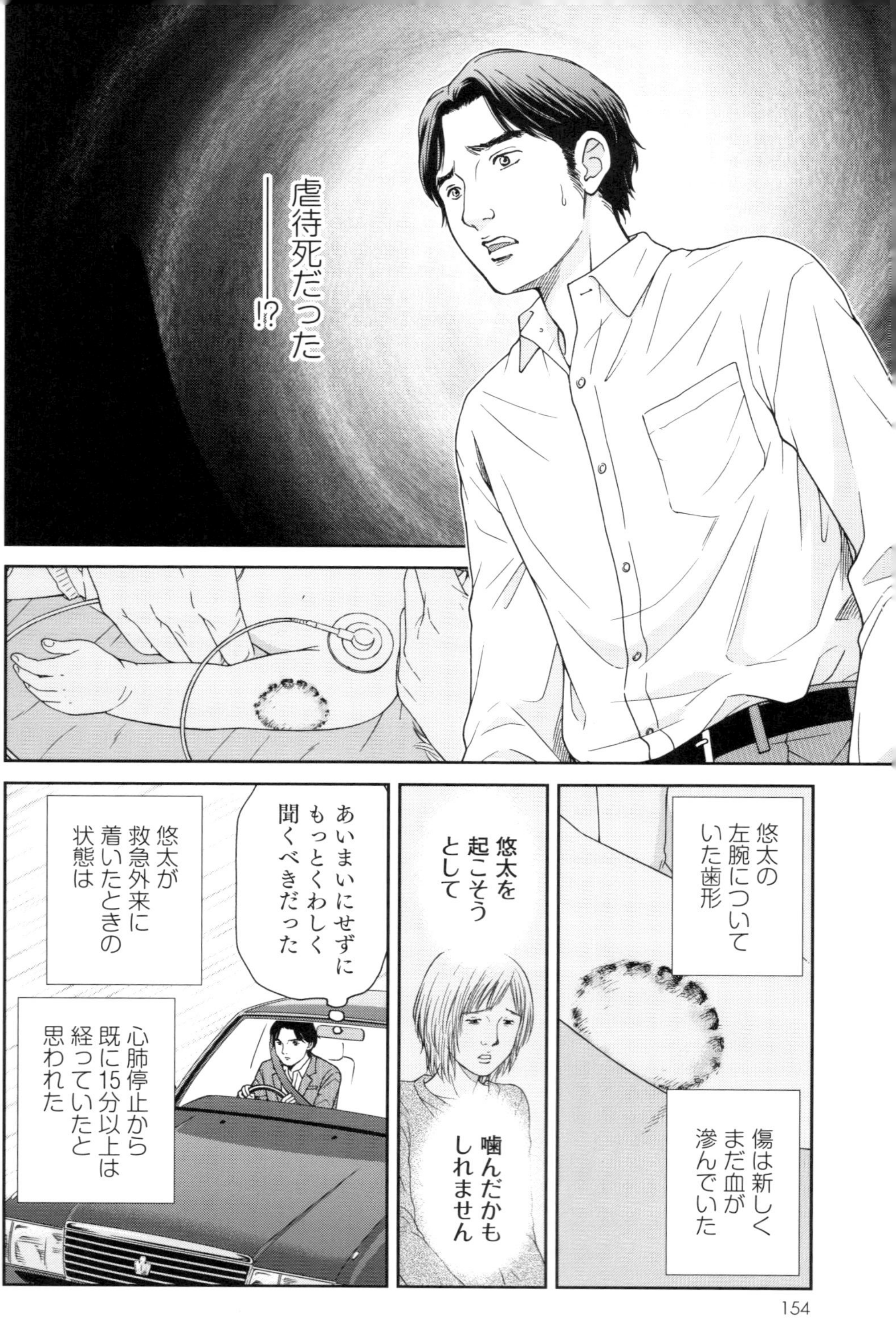
虐待死だった――!?
悠太の左腕についていた歯形
傷は新しくまだ血が滲んでいた
悠太を起こそうとして
噛んだかもしれません
あいまいにせずにもっとくわしく聞くべきだった
悠太が救急外来に着いたときの状態は
心肺停止から既に15分以上は経っていたと思われた

そういえば母親は救急車を呼ばなかった
いま考えれば疑問に感じるべき点だった
救急車到着までせいぜい6分か7分
蘇生は可能だったかもしれない
すみません門脇先生っ……
妻をひとりにしなければこんなことには…………
昨日の父親の様子は
妻が子どもを殺《あや》めたことを知っていたからかもしれない
門脇は医局に着くとコンピュータで悠太のカルテを呼び出した
ディスプレイに経過記録の画面が立ち上がる
モギ ユウタ
茂木 悠太
カルテ歴 経過表
日別絞り込み
ビジット
カルテ歴
指示 検索条件
診療録
経過記録（SOAP）
経過記録 （SOAP）
S
O
A 著変なし
P 経過観察
【修正歴】門脇 捷：医師（登録
そこには医師が患者の様子が日を追って記載されている

どの日も判で押したような短文で埋められていた
A 著変なし
A 著変なし
A 著変なし
A 著変なし
A 著変なし
A 著変なし
つぎに治療計画を見るとここでも同じ短文が並んでいた
P 経過観察
P 経過観察
P 経過観察
P 経過観察
P 経過観察
P 経過観察
治療が順調に進み特に心配がなかった患者の典型だった
悠太が死ななければならなかった理由は読み取れなかった
だが実際には子どもが亡くなるほどの問題があったんだ
なにかを見落とした
いったい……!?
!

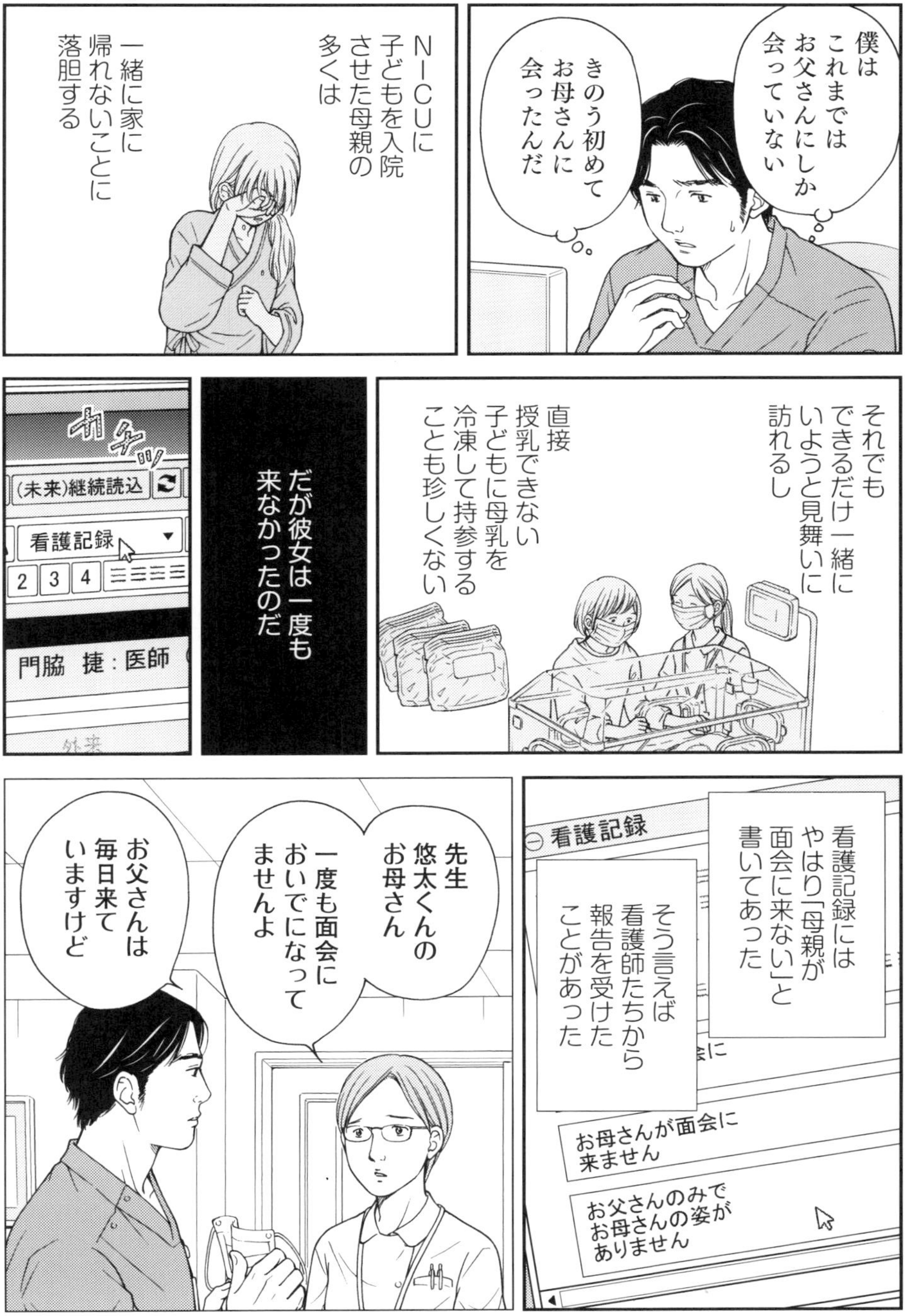
僕はこれまではお父さんにしか会っていない
きのう初めてお母さんに会ったんだ
NICUに子どもを入院させた母親の多くは
一緒に家に帰れないことに落胆する
それでもできるだけ一緒にいようと見舞いに訪れるし
直接授乳できない子どもに母乳を冷凍して持参することも珍しくない
だが彼女は一度も来なかったのだ
(未来)継続読込
看護記録
2 3 4
門脇 捷：医師
看護記録
看護記録にはやはり「母親が面会に来ない」と書いてあった
そう言えば看護師たちから報告を受けたことがあった
お母さんが面会に来ません
お父さんのみでお母さんの姿がありません
先生悠太くんのお母さん一度も面会においでになってませんよ
お父さんは毎日来ていますけど

そうなの
話はそれで終わってしまっていた
父親が来ているならそれでいいと思ったのだ
お母さんはなぜ来ないのかと
僕は確認しようとすらしていない
診察のときの父親の言葉も思い出した
家内は女の子が欲しくて
名前も女の子しか考えていなかったから
ちょっとがっかりしているんです
父親は笑顔を絶やさなかったが
母親にとっては期待に反して小さく生まれたこと
性別に落胆したこと
不安要因が重なっていたのではないか?
その上いまは第2子を妊娠している

悠太の入院中
家族と話す時間は
いくらでもあったことは
動かしがたい事実
だった
危機感を持てなかった
リスクをリスクと思っていなかった
気づけなかったんだ
門脇は死を防ぐことができなかった自分を責めた
自分は悠太の死を防げる立場にいたのではないか
防ぐためになにもしなかったのではないかという恐怖にも襲われた
いったいどうやって亡くなったんだ
過去には泣きやませようと口を押さえたケースもあったが……

だが同時に
相反する感情が
頭をもたげた
かぜを診た
くらいで
そんなことに
気づけるはずは
ないじゃないか
僕の責任
じゃない
悠太を
元気な時に診た
最後の医師が
自分であって
ほしくない
自分は悪くない
という思いが
頭の中を
ぐるぐると巡り
始めていた
それから
一週間ほど
門脇は自分
以外の誰かが
関わっていな
かったか
他の病院の
受診記録
までも
調べ回った
ドンッ
ドサ
ドサ
ドサ
バサ
ハッ

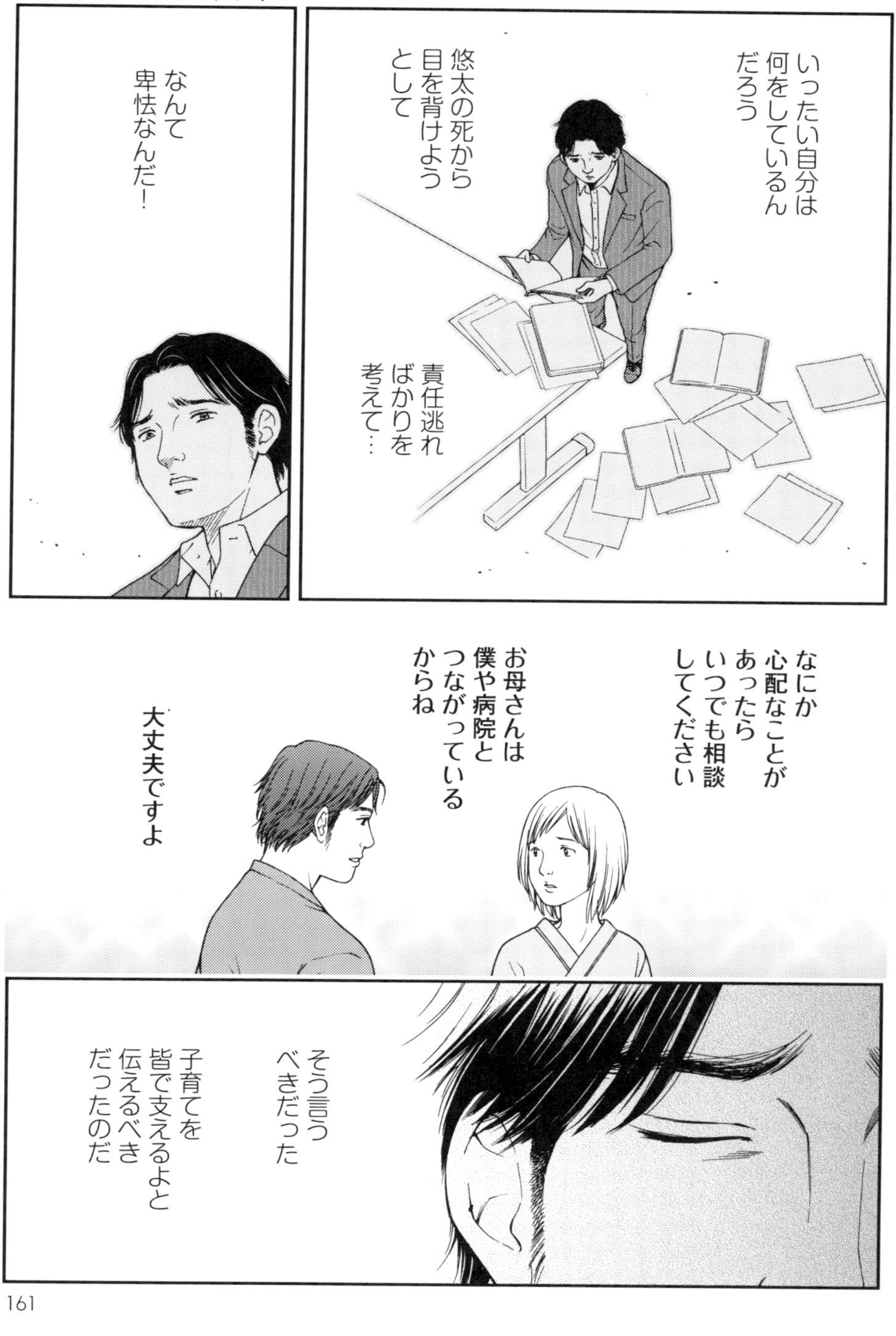

いったい自分は何をしているんだろう
悠太の死から目を背けようとして
責任逃ればかりを考えて…
なんて卑怯なんだ!
なにか心配なことがあったらいつでも相談してください
お母さんは僕や病院とつながっているからね
大丈夫ですよ
そう言うべきだった
子育てを皆で支えるよと伝えるべきだったのだ

医師が
やらなければ
ならないことは
病気そのものを
治すだけじゃ
ない
他にも
たくさんある
僕は二度と
卑怯者に
ならない！
情報の断絶
それから門脇は
子ども虐待や
育児支援に関する
医学論文や
報告書を探し
片っ端から読んだ
そうしながら
毎日警察からの
連絡を待っていた

警察は検視を行い司法解剖を行っただろう
異状死の届け出を出した医師に対し死因は何だったのか科学的な回答を知らされるはずだ
だがいくら待っても連絡はなかった
約2週間後しびれを切らして彼は所轄の警察に電話をいれた
茂木悠太ちゃんのその後のことを教えていただきたいんです
それは捜査情報になりますので
教えられないことになっています
担当した小児科医として死因は何であったのか知りたいのです
規則で教えることができません
司法解剖したのかしなかったのかだけでも教えていただけませんか
それもお答えできません
話は平行線のまま終わった
悠太が亡くなった日門脇は子ども虐待による死であるという疑いをまったく持たなかった
噛み痕が決定的な所見だったと気づいたのはテレビで事件を知った後だ

救命措置を
した現場で
疑っていたなら
何らかの検査を
行っただろうが
実際には
レントゲン1枚
撮っていないのだ
だからこそ
どうしても
頭の中の出血や
内臓損傷が
あったのかなど
解剖の結果を
知りたかった
検査を
尽くすことは悠太の
最後の声を聞く
ことだったのに
僕は何も
していない
だが
しばらくして
門脇は
捜査情報に
なりうる情報は
公判前には
どこにも出せない
という厚い壁が
あることを知った
たとえ 門脇が検査を
尽くしていたとしても
その情報を直接
法医学者と
共有する手段が
ないことも知った
せめて
児童相談所と
悠太の死について
検証会を開こうと
話を持ち掛けたが
実現しなかった
死んでしまったら
もうそれで終わり
なのか？

しばらくして母親には執行猶予付きの有罪判決が下った
だがどうすれば悠太の死が防げたかについては裁判では納得のいく答えは得られなかった
各機関の持つ重要な情報は何一つ共有することが出来ない現実が立ちはだかっていた
このままで終わらせたくない！
この厚い壁を取り払い多機関多職種で子どもの死を検証できるシステムを作らなければ
悠太のような子どもの死から学び
いまを生きている子どもにいかすことはできない！

第2話　十字架を背負って—中編

第2話
十字架を背負って ― 中編

意見の食い違い
救命救急センター
それから2年後
門脇は救急外来に呼ばれた
痙攣《けいれん》を主訴とする生後13か月の女児
上村《うえむら》佳音《かのん》を両親が連れてきた
外来に着いたときには痙攣は収まっていたが意識はしっかりしておらず
身長は72センチ体重は7キログラム弱だった
同じ月齢の子どもの平均体重は9キログラムそれに比べて佳音の体は小さい上軽度の発育不全を併発していた

様子の変化に気がついたのはいつ頃ですか？
いくつかの検査結果を待つ間門脇は両親に話を聞いた
キッチンで夕食の準備をしていたら
お風呂場でドンと音がしたんです
急いで行ってみたら倒れていまして…
……
どんなふうに倒れたのかわかりますか？
見ていなかったのでよくわからないのです
でもお風呂にあるオモチャが好きなので
ひとりで取りにいったんだと思います………
あわてて夫を電話で呼び出しました
耳にあざがありますが
これはどうされましたか？
転んだ時に
オモチャにぶつけたようなんです

どんなオモチャですか？
ペンギンです
風呂に浮かべて遊ぶんですが
これくらいの大きさで
倒れたときにおもちゃに耳をぶつけたんですね
はい
だがあざは表側の耳のふち全体とくぼみにもできており 裏側にも存在していた
転んでオモチャにぶつけたとしたら表側だけにつくはずだ
またよちよち歩きで転んだ場合耳のくぼみにまであざがつくことは考えにくい
門脇先生
CTの結果が来ました

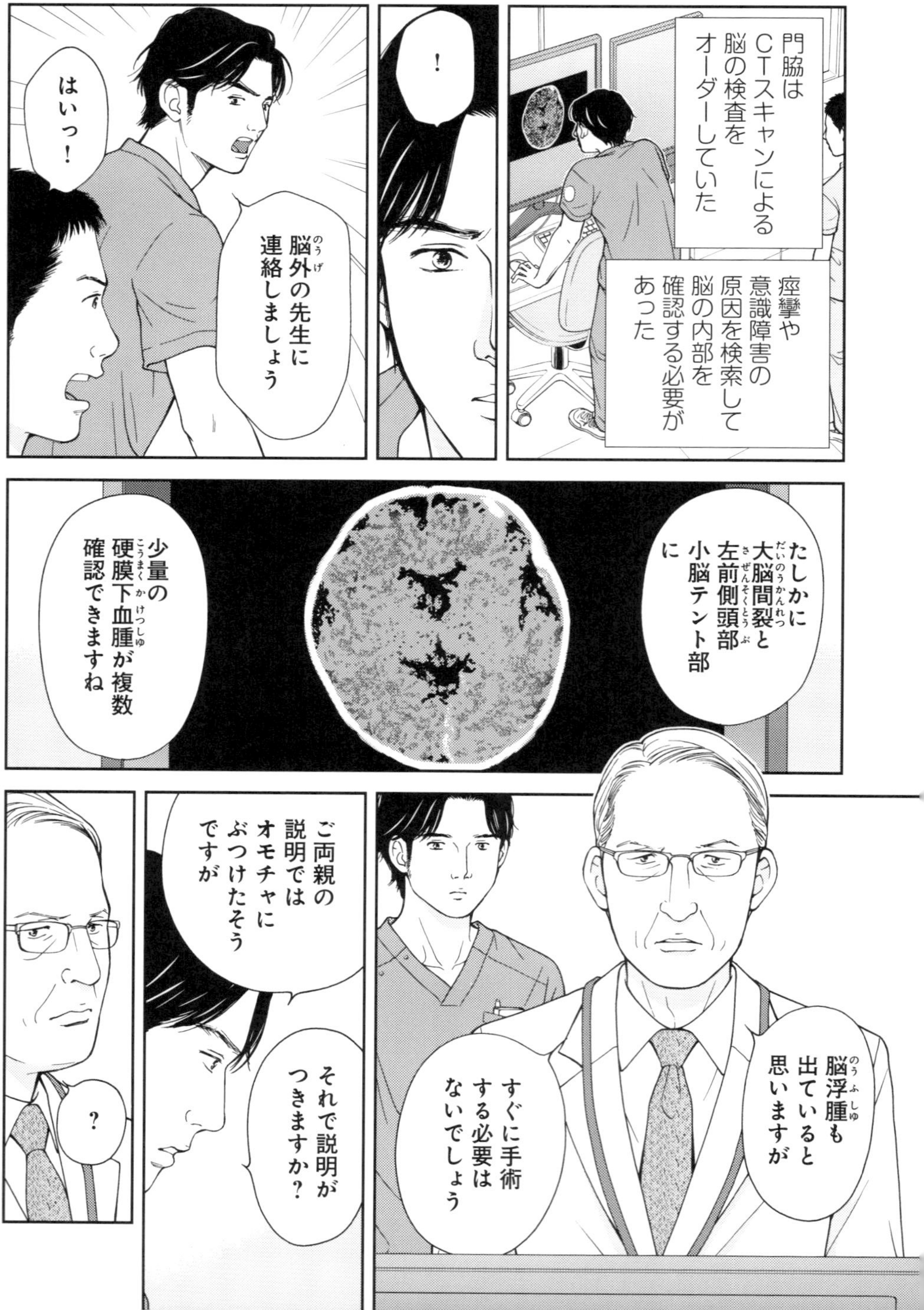
門脇はCTスキャンによる脳の検査をオーダーしていた
痙攣や意識障害の原因を検索して脳の内部を確認する必要があった
！
脳外《のうげ》の先生に連絡しましょう
はいっ！
たしかに大脳間裂《だいのうかんれつ》と左前側頭部《さぜんそくとうぶ》小脳テント部に
少量の硬膜下血腫《こうまくかけっしゅ》が複数確認できますね
脳浮腫《のうふしゅ》も出ていると思いますが
すぐに手術する必要はないでしょう
ご両親の説明ではオモチャにぶつけたそうですが
それで説明がつきますか？
？

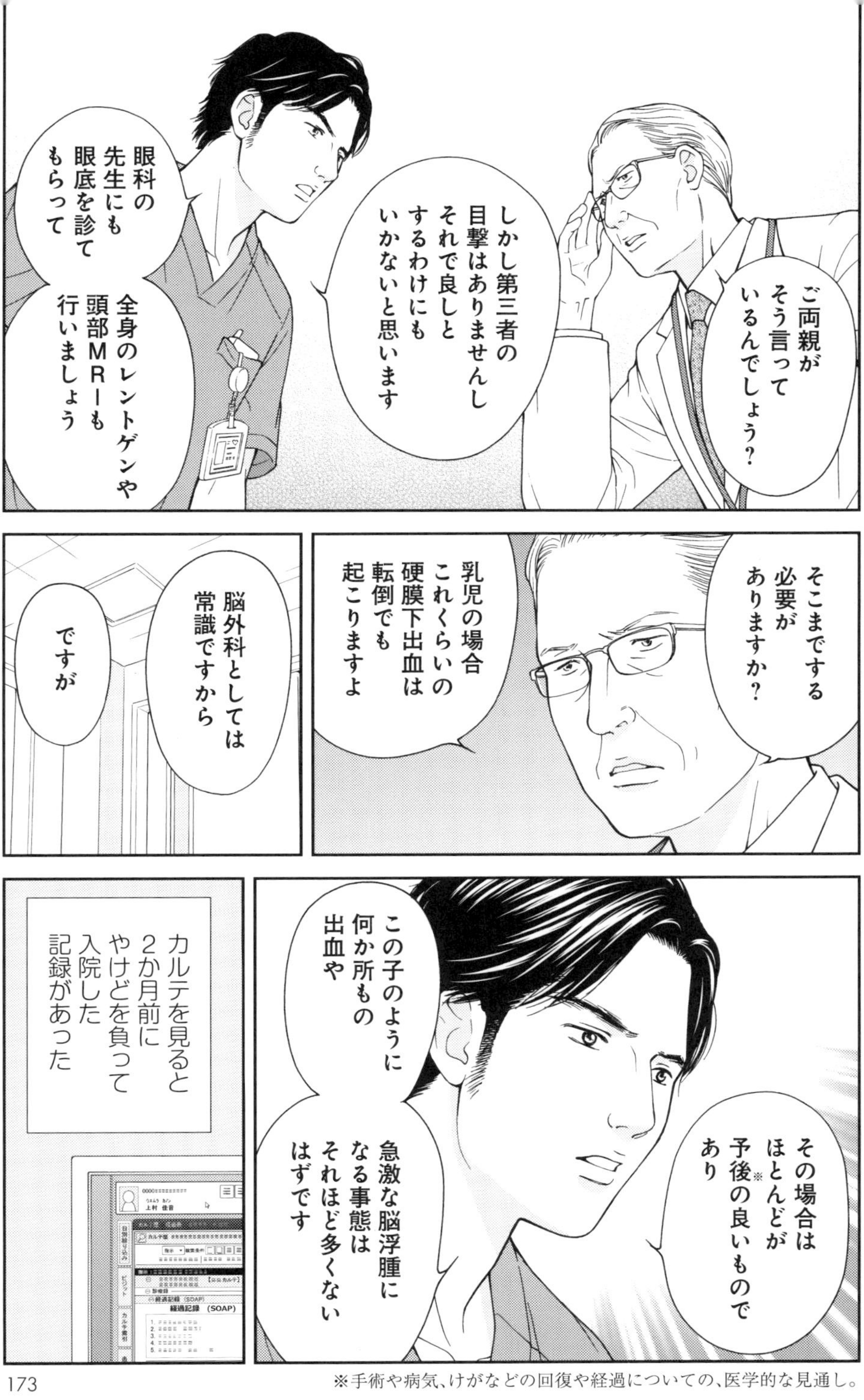

※手術や病気、けがなどの回復や経過についての、医学的な見通し。

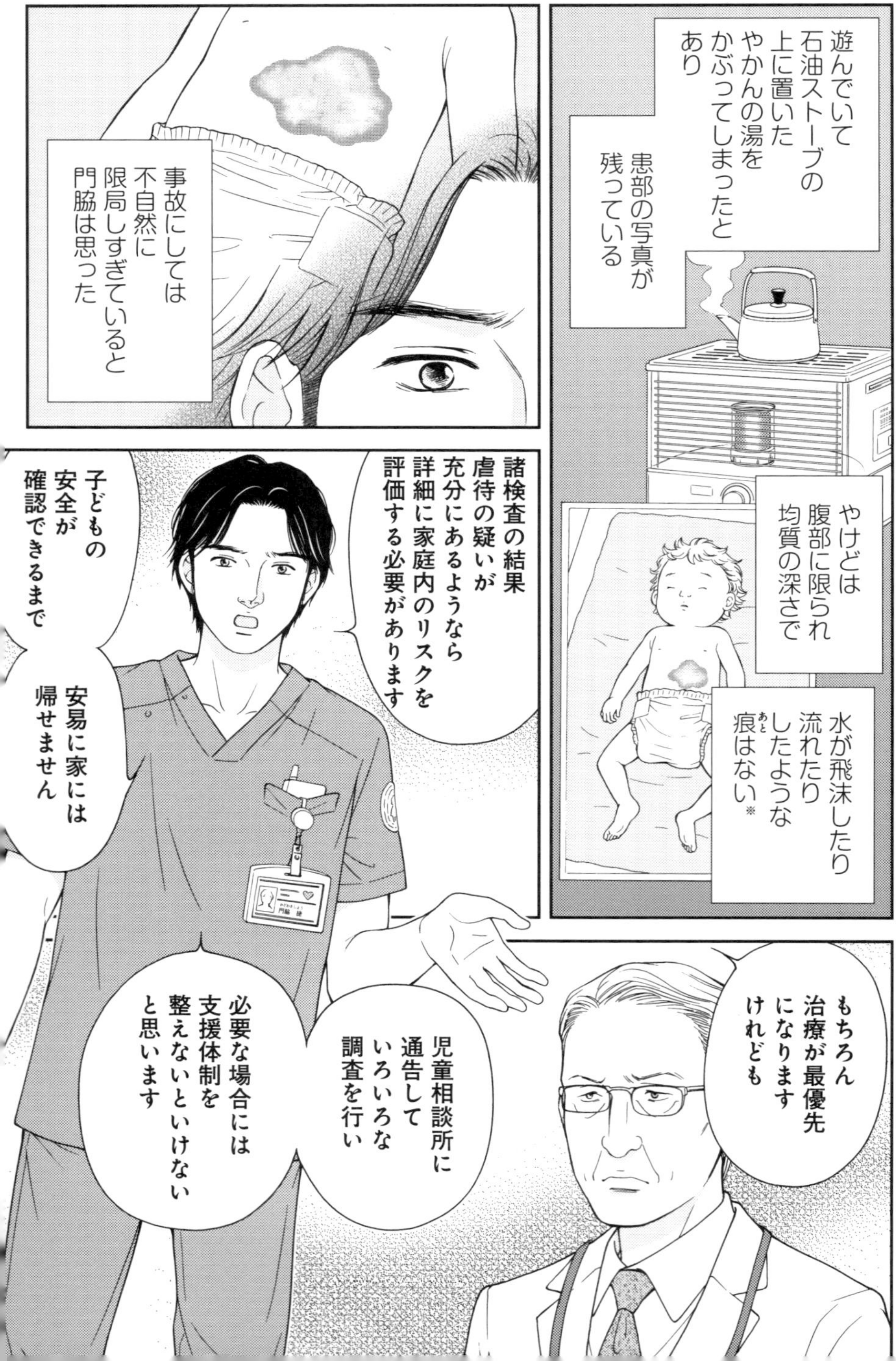

※典型的な事故であれば、やけどは不定形で深さにはムラがあり、水の流れに沿って広がることがほとんどである。

※JAMA（米国医師会雑誌 Journal of the American Medical Association）1999 Feb. 17. 281（7） 621-6より

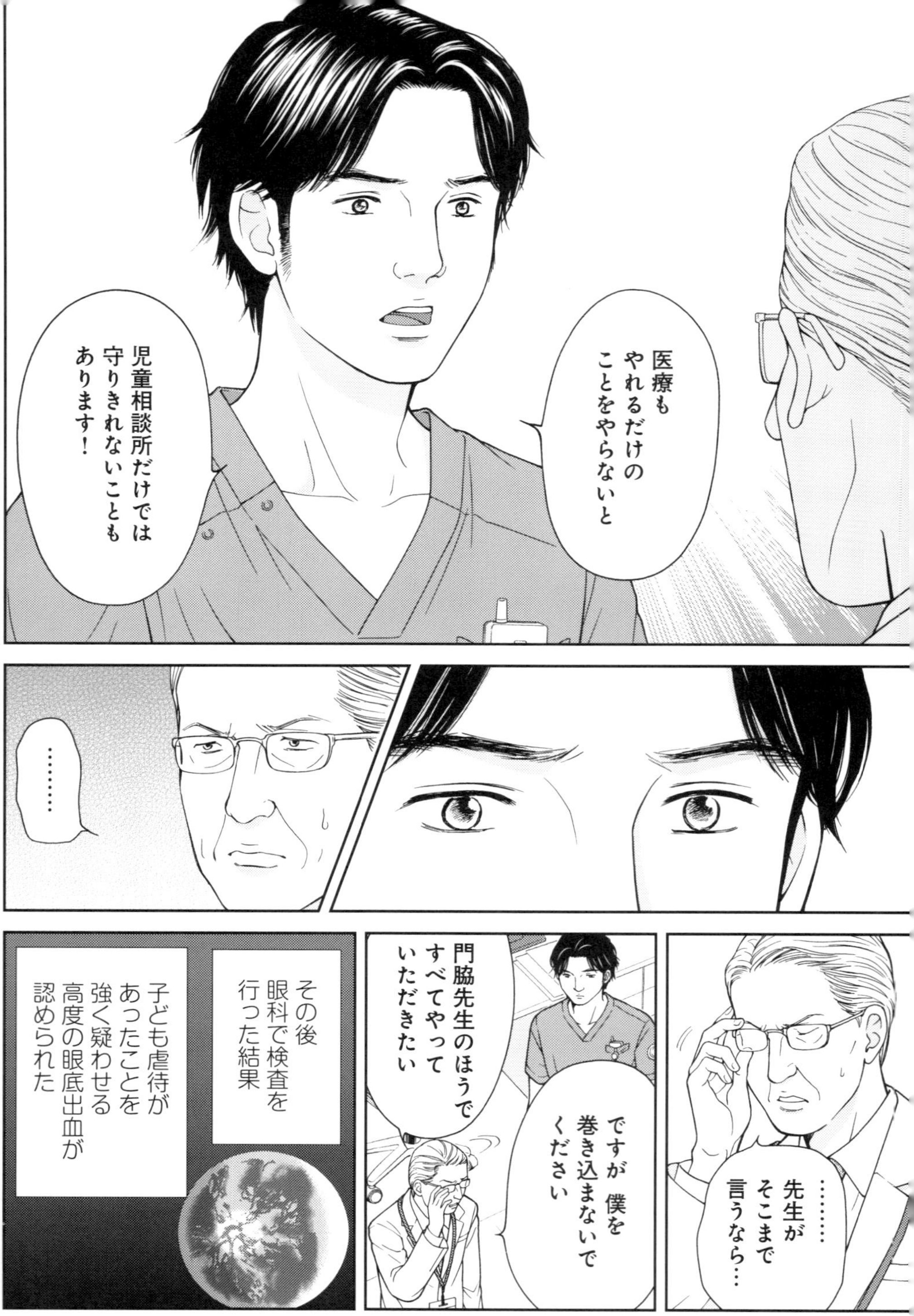
医療も やれるだけの ことをやらないと
児童相談所だけでは 守りきれないことも あります！
………
………先生が そこまで 言うなら…
門脇先生のほうで すべてやって いただきたい
ですが 僕を 巻き込まないで ください
その後 眼科で検査を 行った結果
子ども虐待が あったことを 強く疑わせる 高度の眼底出血が 認められた

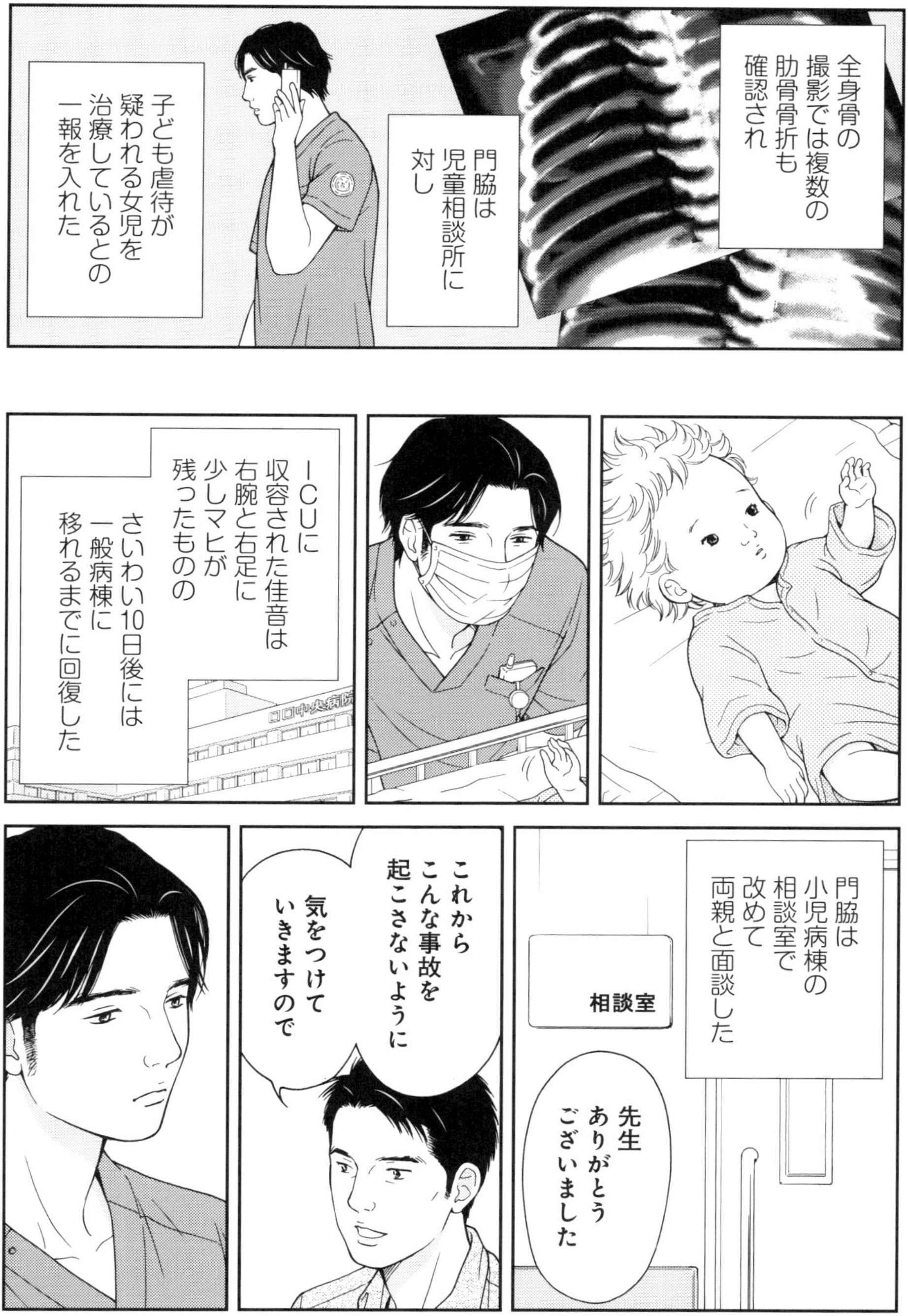
全身骨の撮影では複数の肋骨骨折も確認され
門脇は児童相談所に対し
子ども虐待が疑われる女児を治療しているとの一報を入れた
ICUに収容された佳音は右腕と右足に少しマヒが残ったものの
さいわい10日後には一般病棟に移れるまでに回復した
門脇は小児病棟の相談室で改めて両親と面談した
相談室
先生ありがとうございました
これからこんな事故を起こさないように
気をつけていきますので

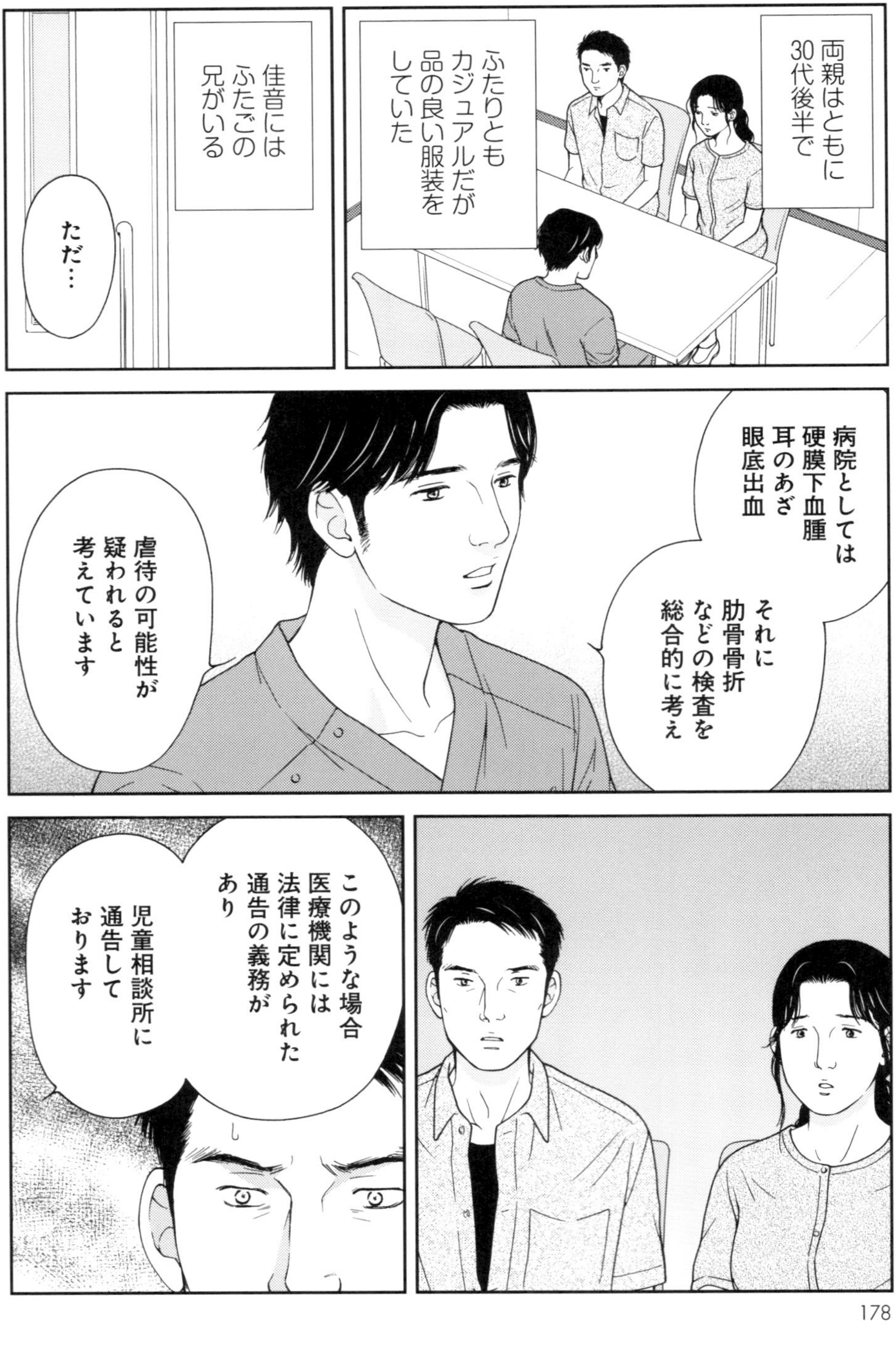
両親はともに30代後半で
ふたりともカジュアルだが品の良い服装をしていた
佳音にはふたごの兄がいる
ただ…
病院としては硬膜下血腫耳のあざ眼底出血
それに肋骨骨折などの検査を総合的に考え
虐待の可能性が疑われると考えています
このような場合医療機関には法律に定められた通告の義務があり
児童相談所に通告しております

病院における「通告」は
子ども虐待に気づき
ふたたび同じことが
起こるのを
防ぐと同時に
親や養育者に
支援を行う
大事な
きっかけであり
子どもの命を
守るために
重要な義務だと
門脇は考えていた

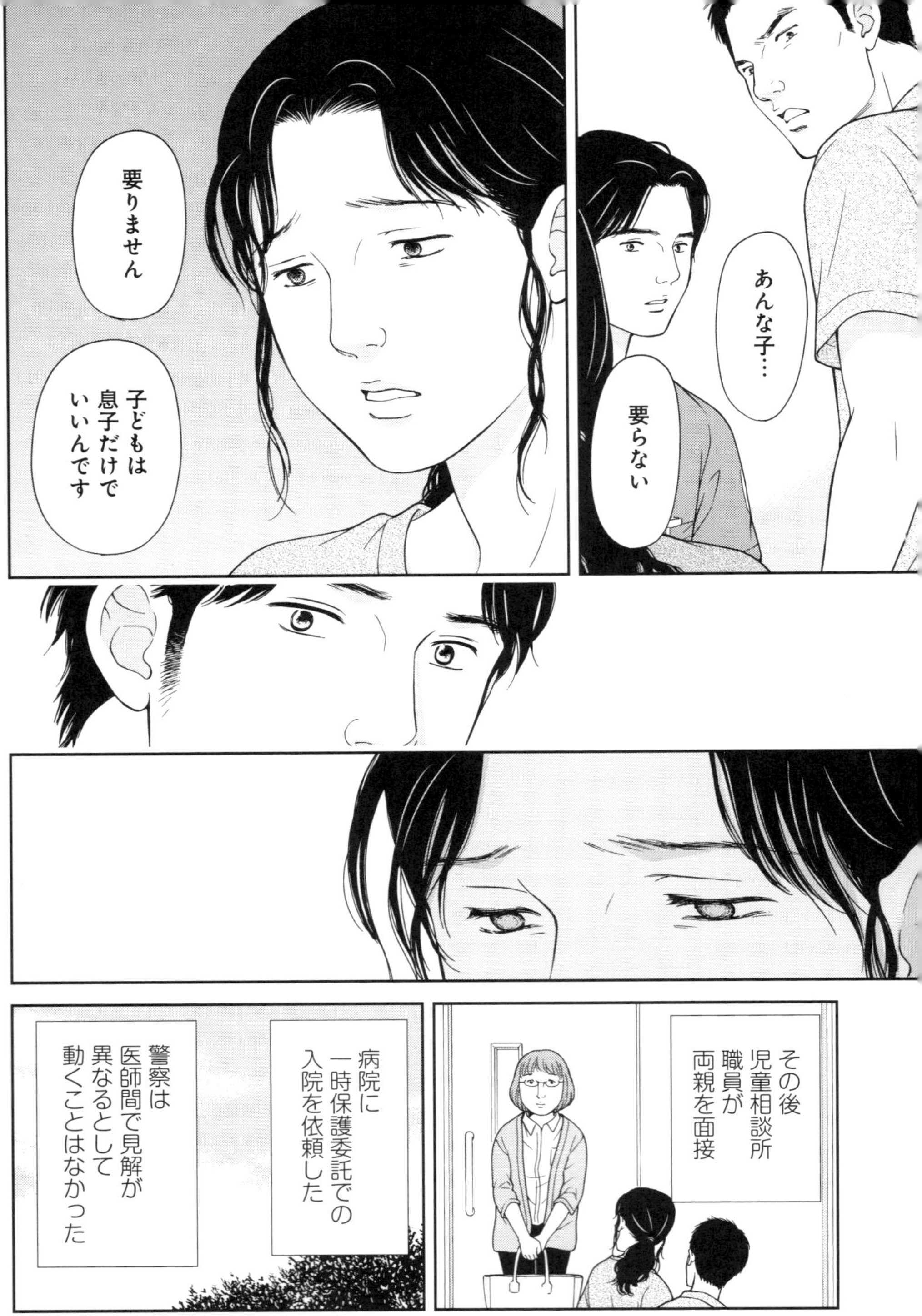
あんな子…
要らない
要りません
子どもは
息子だけで
いいんです
その後
児童相談所
職員が
両親を面接
病院に
一時保護委託での
入院を依頼した
警察は
医師間で見解が
異なるとして
動くことはなかった

通告から1か月後佳音は退院し一時保護所に保護された
門脇は佳音がリハビリに来院するたびに
同行してくる児童相談所の職員に家族の様子を尋ねた
児童相談所では両親と何度も話し合いを重ねていた
最初こそケンカ腰になることもあったが次第に信頼関係を築き
母子関係の再構築に力を注いでいるということだった
初産でふたごを授かり
子育ての負担が過剰にかかっていたことが引き金になっていたと思われた
性的虐待

門脇は
新たな壁に
突き当たった
義父から
性的虐待を
受けたと話す
13歳の
佐《さ》々《さ》木《き》美《み》優《ゆう》を
整形外科から
紹介されたのだ
交通事故で入院し
外来でリハビリを
続けていたのだが
親しくなった
理学療法士に
告白したという
性的虐待の
患者を診た経験はなく
どのように
対応しなければ
いけないのかまったく
知らなかったが
少女を助けなければ
ならないという
思いは
はっきりしていた
彼はその日
これまでに
起こったことを
詳細に知ろうと
時間をかけて
質問を
投げかけた
来てくれて
ありがとう

整形外科の先生から相談があったんだ
先生にもお話を聞かせてくれる？
性的虐待が始まったのは美優が幼稚園の頃で
離婚してひとりで子育てしていた母親が再婚したときだった
新しい父親はあいさつや食事のしかたに厳しく
お父さんと呼びなさいと言われてもなかなかできなかった
どうしていいのかわからなかったが
あるとき父親の膝に乗ると優しくしてくれることに気づいた
一緒にテレビを見ると髪を撫でてくれ話しかけてくれたのだ
だが

少しずつ義父は
体を触るように
なり
母親の
いないところで
行為は
エスカレート
していった
子ども心に
気持ち悪いという
思いがあったが
行為の前後は
義父の機嫌が
よくなり
家庭の雰囲気も
よくなるため
いやとも
言えなかった
だが中学に
入学して
友達と雑談
していたとき
他の家庭では
そういうことは
起こらないと
知った

記憶にある限り ずーっと されてきたの
いまは 関係を拒むと ひどく暴力を 振るわれるように なっているという
やめてほしい…
誰にも 相談できず
美優は自分が 汚れているという 感覚にずっと 苦しんでいた
門脇は 診察室の外で 待っていた 母親を呼び入れ
性的虐待の 可能性があり
児童相談所に 通告したことを 伝えた
通告って ………

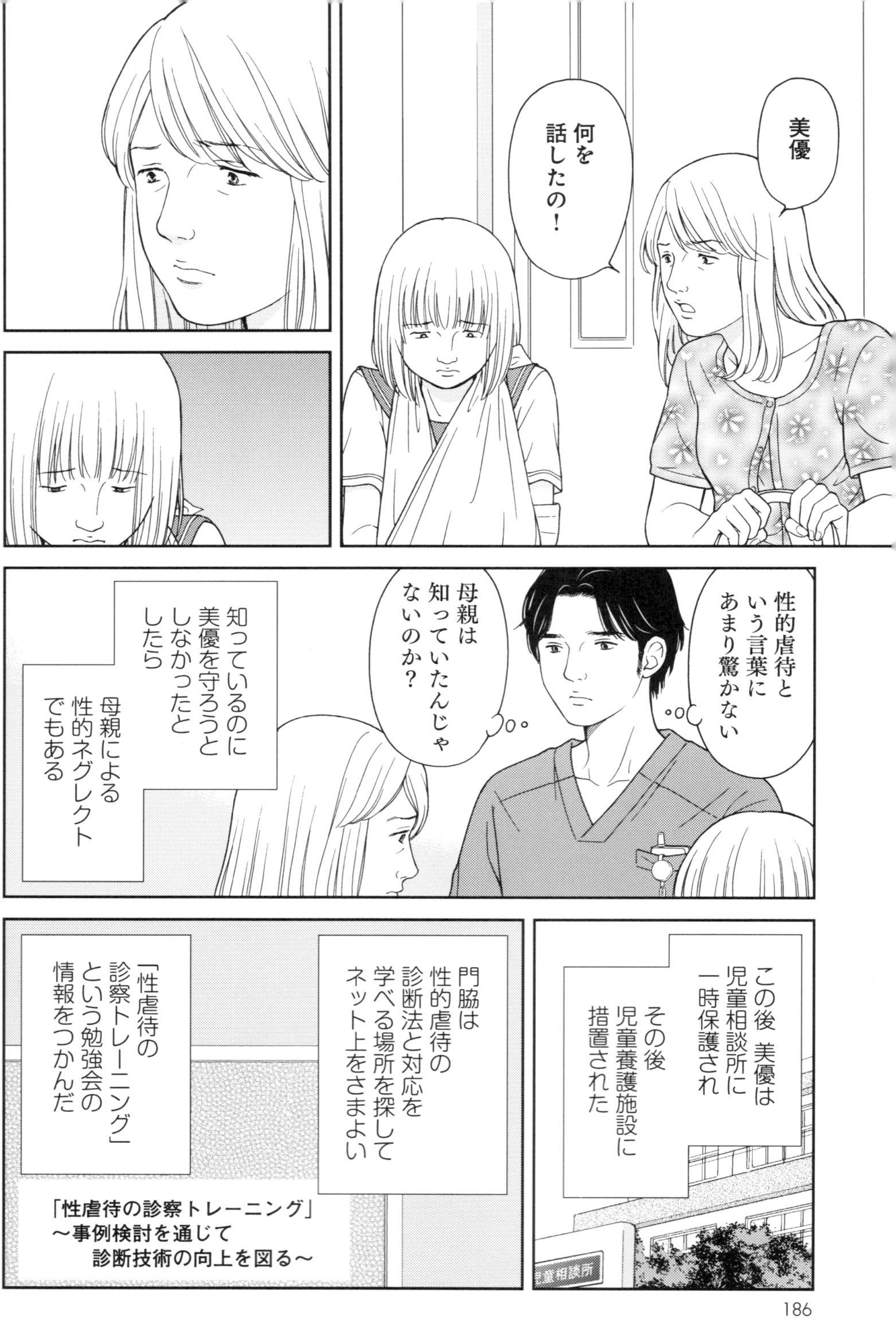
美優
何を話したの！
性的虐待という言葉にあまり驚かない
母親は知っていたんじゃないのか？
知っているのに美優を守ろうとしなかったとしたら
母親による性的ネグレクトでもある
この後 美優は児童相談所に一時保護され
その後 児童養護施設に措置された
児童相談所
門脇は性的虐待の診断法と対応を学べる場所を探してネット上をさまよい
「性虐待の診察トレーニング」という勉強会の情報をつかんだ
「性虐待の診察トレーニング」
～事例検討を通じて
診断技術の向上を図る～

講師は精力的に海外から専門家を招いてシンポジウムを開催し
子ども虐待防止にかかわる人たちに確実な情報を届けていることで知られている医師だった
彼は受講を申し込んだ
開催当日
ガヤ
ガヤ
ガヤ
ガヤ
ガヤ
すごい熱気だ
午前中は性的虐待概論と題した2時間半の講義が行われた
性的虐待を受けた身体的特徴をあげ子どもの話をどう聞くか
いかに発見の目を持つかなどを具体的に教えられた

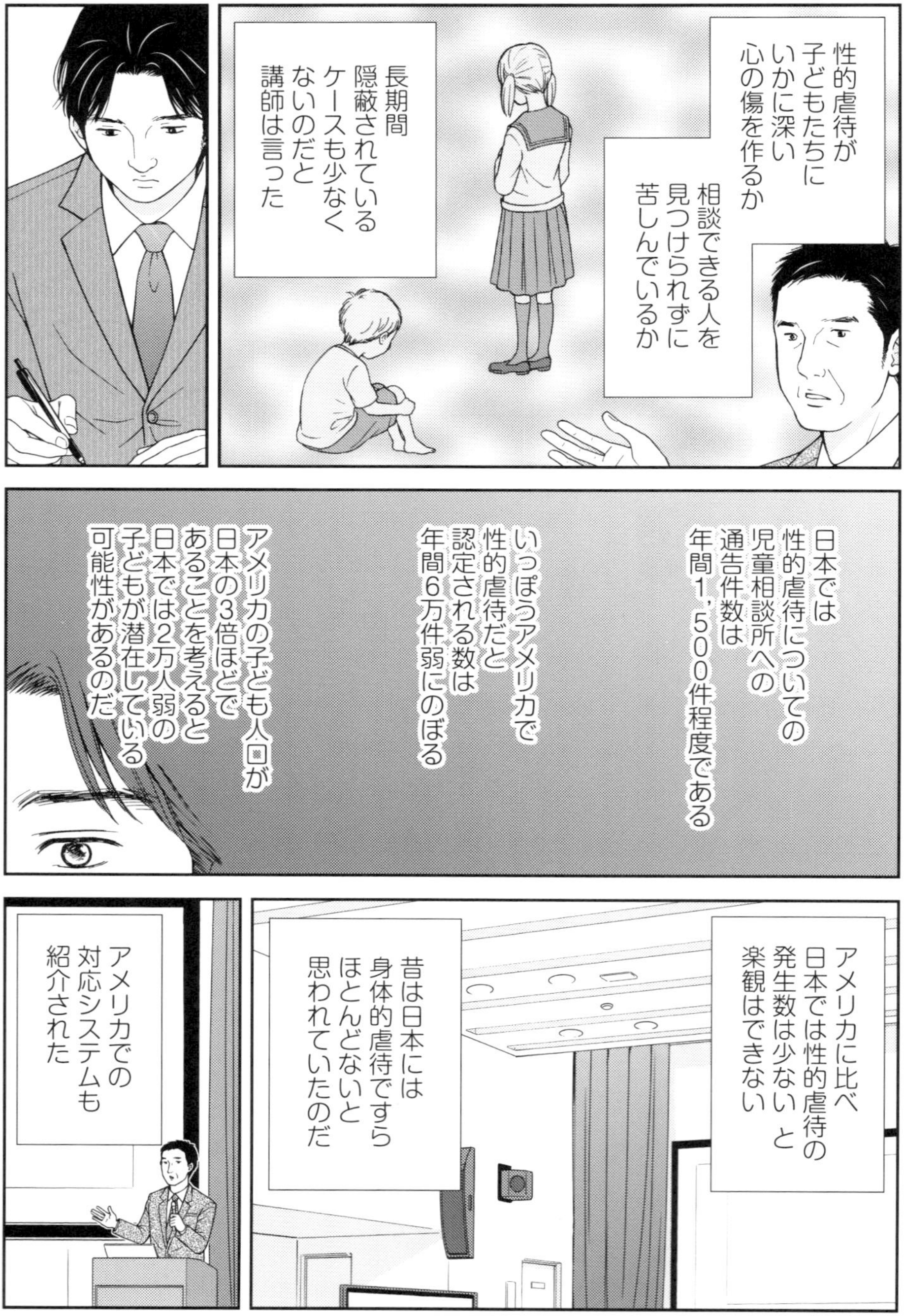
性的虐待が
子どもたちに
いかに深い
心の傷を作るか
相談できる人を
見つけられずに
苦しんでいるか
長期間
隠蔽されている
ケースも少なく
ないのだと
講師は言った
日本では
性的虐待についての
児童相談所への
通告件数は
年間1，500件程度である
いっぽうアメリカで
性的虐待だと
認定される数は
年間6万件弱にのぼる
アメリカの子ども人口が
日本の3倍ほどで
あることを考えると
日本では2万人弱の
子どもが潜在している
可能性があるのだ
アメリカに比べ
日本では性的虐待の
発生数は少ない と
楽観はできない
昔は日本には
身体的虐待ですら
ほとんどないと
思われていたのだ
アメリカでの
対応システムも
紹介された

120年後の約束

州によって
違いこそあれ
性的虐待から
保護された
子どもに対して
専門医の診察と
司法面接が
必要だと判断した
場合には
子ども虐待の
アセスメントセンター※1
ともいうべき機関に
紹介されることに
なっていた
そこでは
児童保護局の
ソーシャルワーカー
警察官または
検察官
医師
司法面接士などで
構成される
多職種の専門家チーム
MDT※2が情報交換を
行ったのち
子どもの状況を
良く知る
加害者ではない
親や親族に
これまでの病気や
家族歴などを聞き
子どもに対しては
ビデオ録画を
しながら
司法面接を行う
同じ建物の中で
医学的な診察を
実施することもできる
MDTのメンバーは
その上で総合的に
評価し
その後の対応を
協力しあいながら
行うのだ

※１正式にはChild Adovocacy Center。米国にはこのようなセンターが900か所ほど存在している。
※２Multidisciplinary Team＝さまざまな職種のスタッフで協力し、意見交換を行いながら子ども虐待の初期調査に取り組むチームの略称。

司法面接という方法は
これまで関係機関のそれぞれから
子どもが繰り返し調査や面接を受けてつらい経験を何度も話さなければならなかった仕組みを改善したものだ
聴き取りは一度のみで終わる
ビデオ録画は裁判にも証拠として提出される
COURTHOUSE
性的虐待に限らず他の虐待を受けた子どもにも適応される
日本では子どもは病院の医師児童相談所 警察
裁判になれば検察官 裁判官に何度も同じ話をしなければなりません
でも繰り返し話すことによって2次的被害を受けてしまう

それを防ぐために
日本にも司法面接制度を導入しなければならないと考えています
またアメリカでは虐待を疑われる子どもを最初に診察した医師は
「〝誰に〟〝何を〟されたか」を聞くだけで
あとは専門的な訓練を受けた司法面接士に任せるという
僕は美優ちゃんに詳細な聞きとりをし
彼女の目の前で母親と性虐待の話をした
本来すべきでないことをしてしまったのか…
講義を聞きながら彼は
〝知っていること〟が何より大切であると実感していた

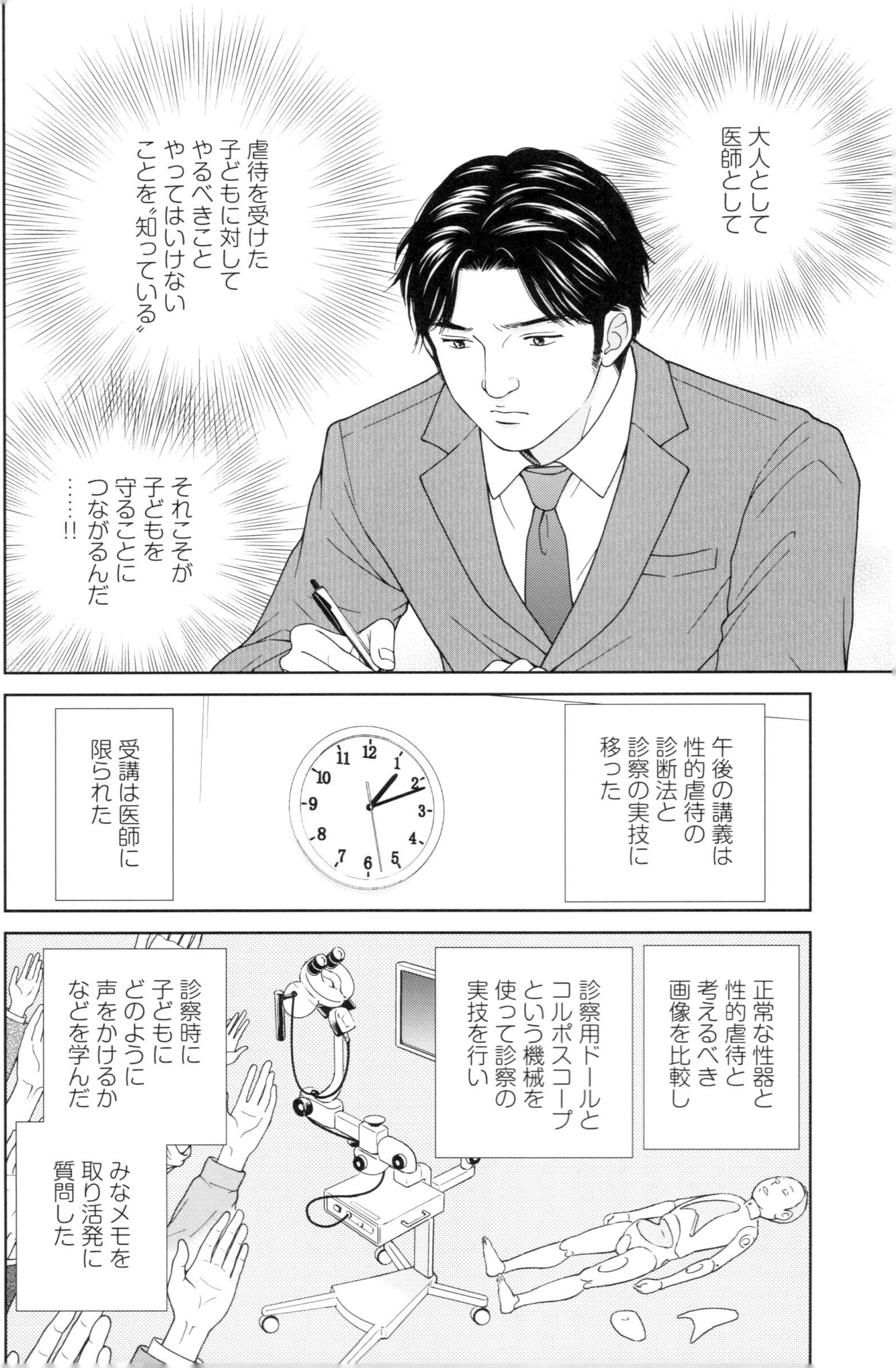
大人として
医師として
虐待を受けた子どもに対してやるべきことやってはいけないことを〝知っている〟
それこそが子どもを守ることにつながるんだ……!!
午後の講義は性的虐待の診断法と診察の実技に移った
受講は医師に限られた
正常な性器と性的虐待と考えるべき画像を比較し
診察用ドールとコルポスコープという機械を使って診察の実技を行い
診察時に子どもにどのように声をかけるかなどを学んだ
みなメモを取り活発に質問した

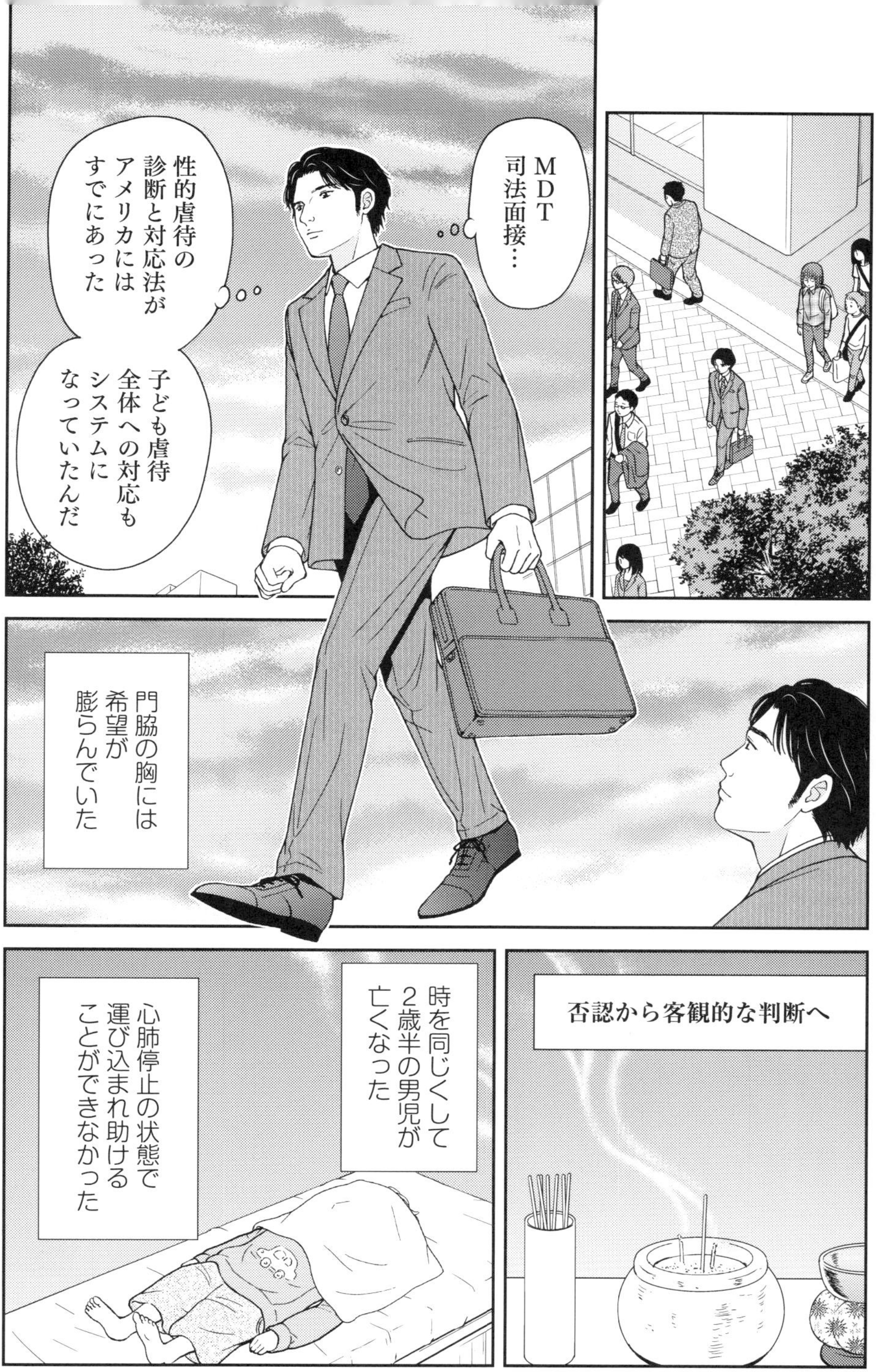
MDT司法面接…
性的虐待の診断と対応法がアメリカにはすでにあった
子ども虐待全体への対応もシステムになっていたんだ
門脇の胸には希望が膨らんでいた
否認から客観的な判断へ
時を同じくして2歳半の男児が亡くなった
心肺停止の状態で運び込まれ助けることができなかった

のちにカルテを検証した門脇は
1歳4か月のときに大腿骨骨折で来院した折に事故と判断して
適切な対応をとったとは言い難い状況だったことを知った
その後もケガを繰り返して複数の病院に受診しており
「不審なアザ」とカルテに記載した病院もあった
死亡する数か月前から保育園に通っておらず
実際には家にいたのに「姿が見えないのは祖母のところに行っているから」
などの誤った情報をだれも確認していなかった
救える死だった
だが病院はこの子どもを救えなかった
なぜか?

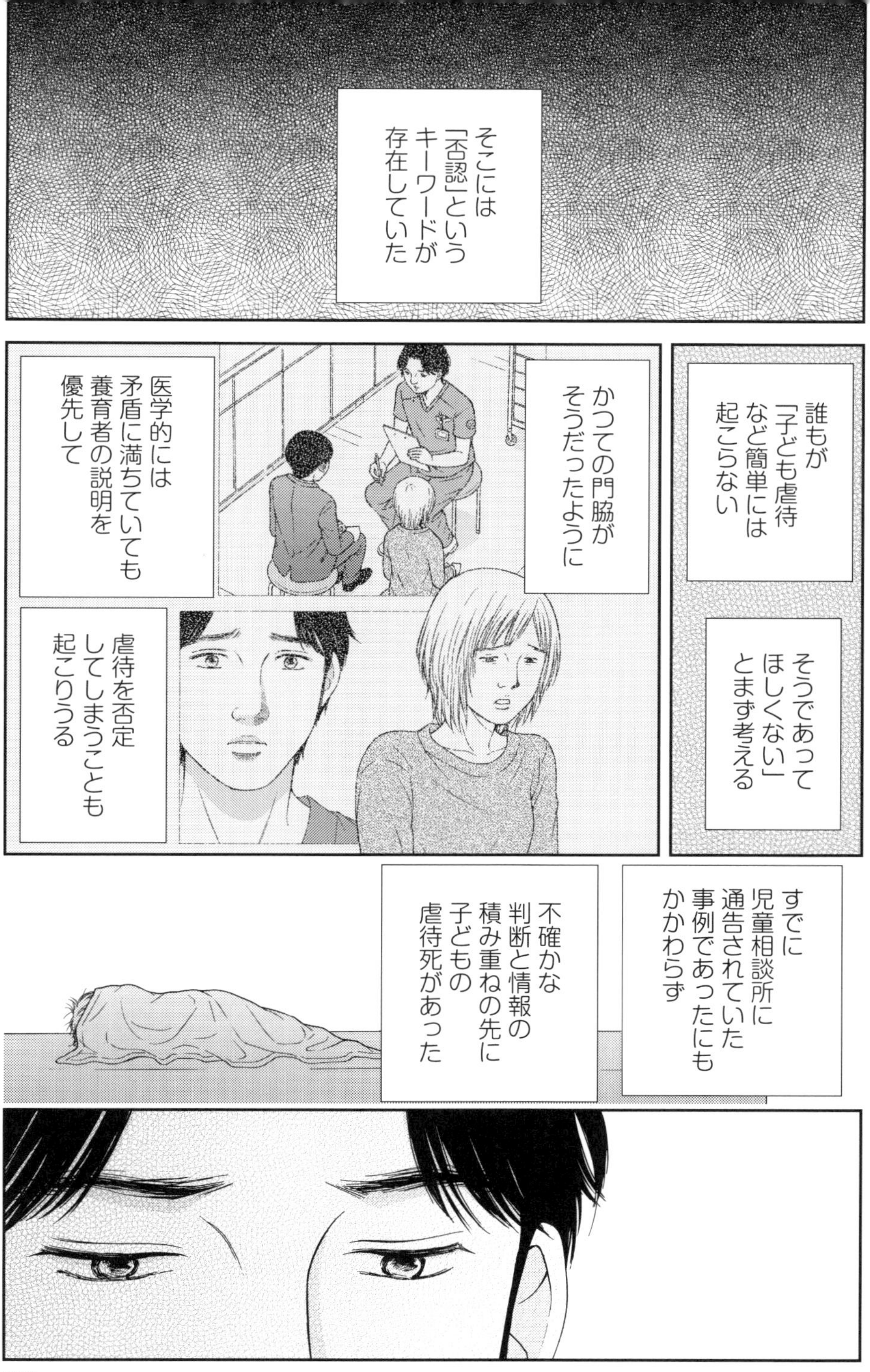
そこには「否認」というキーワードが存在していた
誰もが「子ども虐待など簡単には起こらない
そうであってほしくない」とまず考える
かつての門脇がそうだったように
医学的には矛盾に満ちていても養育者の説明を優先して
虐待を否定してしまうことも起こりうる
すでに児童相談所に通告されていた事例であったにもかかわらず
不確かな判断と情報の積み重ねの先に子どもの虐待死があった

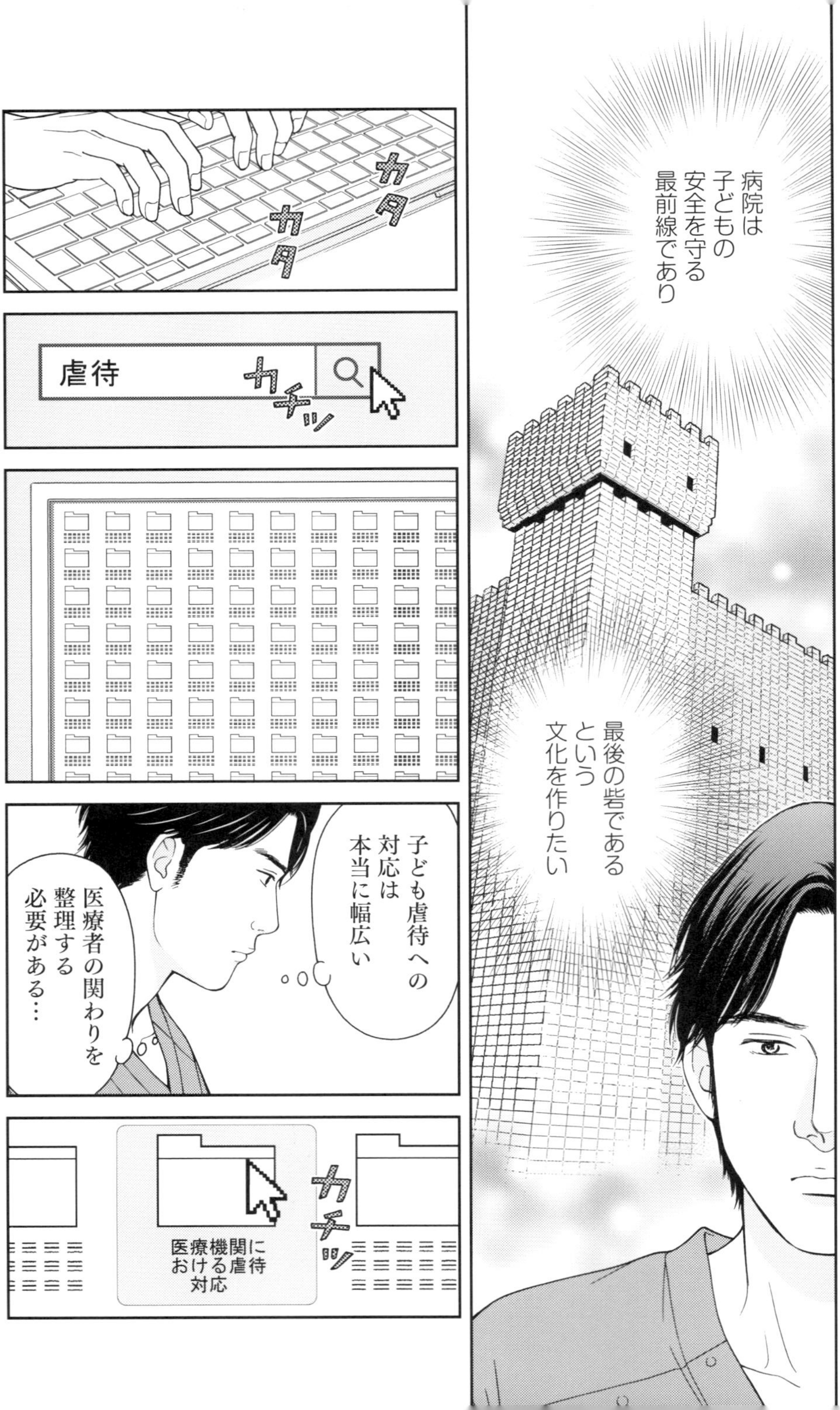
病院は
子どもの
安全を守る
最前線であり
最後の砦である
という
文化を作りたい
カタ
カタ
虐待
カチッ
子ども虐待への
対応は
本当に幅広い
医療者の関わりを
整理する
必要がある…
カチッ
医療機関に
おける虐待
対応

0次予防:生まれる前からの支援

妊婦検診を未受診であったり、望まぬ妊娠により混乱や葛藤が強い妊婦さんへ、出生前から、多機関が連携して支援をおこなう

1次予防:虐待の発生予防

育児に不安があり、夫婦の不和、経済的に不安定、社会的に孤立していて相談者がいないなど、安心して子育てできない要因を持った家族を地域で支える

2次予防:虐待の早期発見、早期介入

虐待関係にまで発展してしまった親子を、可能な限り早く発見し、手厚いサポートを早期からおこなう

3次予防:心身の回復へのサポート

虐待を受け重大な問題を抱えた子どもの体と心の治療、親への治療も含む

4次予防:子どもが死亡した際の詳細な検証

死亡事例から得られる教訓をしっかりと受けとめる体制が必要である

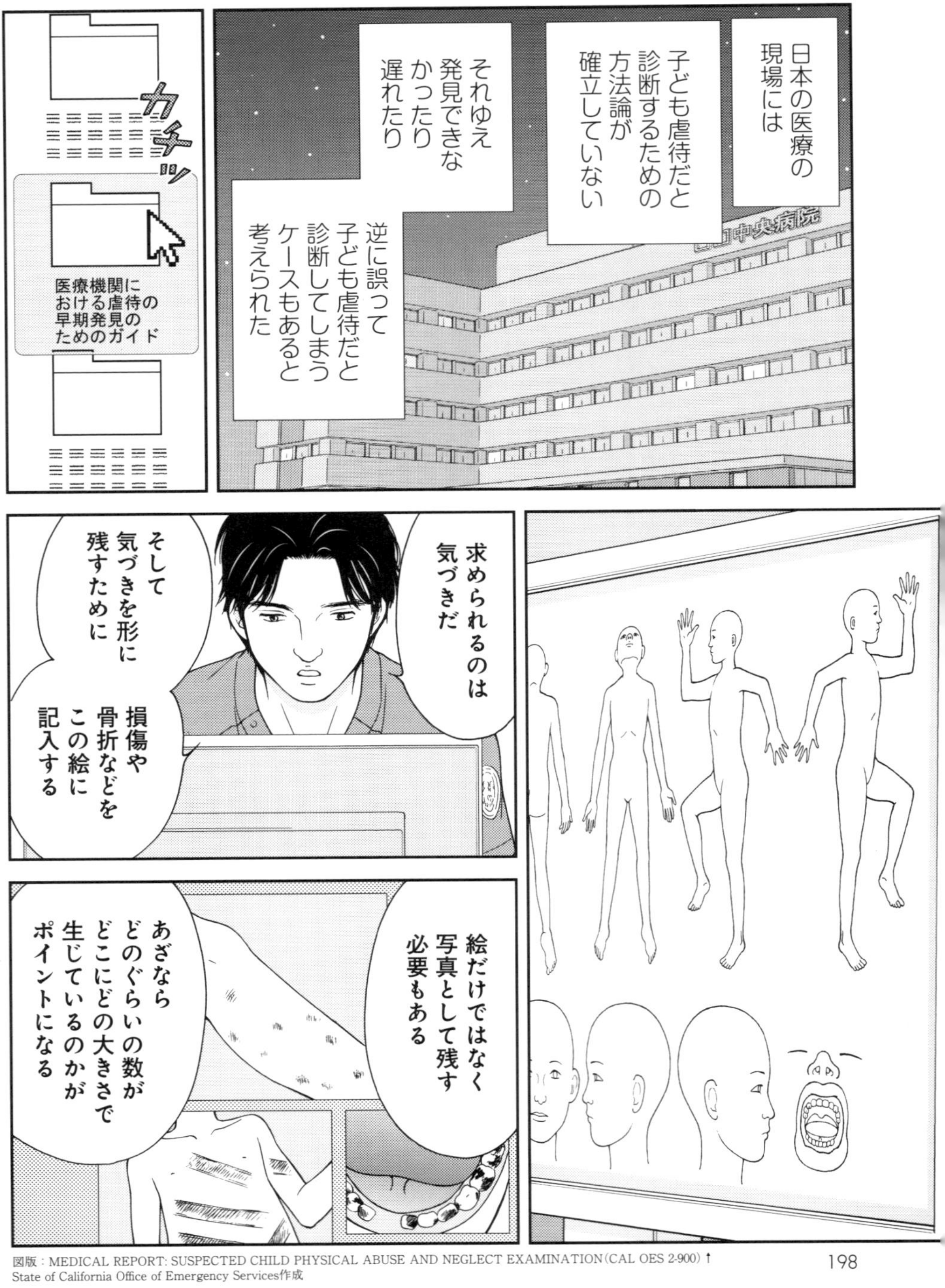

図版：MEDICAL REPORT: SUSPECTED CHILD PHYSICAL ABUSE AND NEGLECT EXAMINATION（CAL OES 2-900）↑
State of California Office of Emergency Services作成

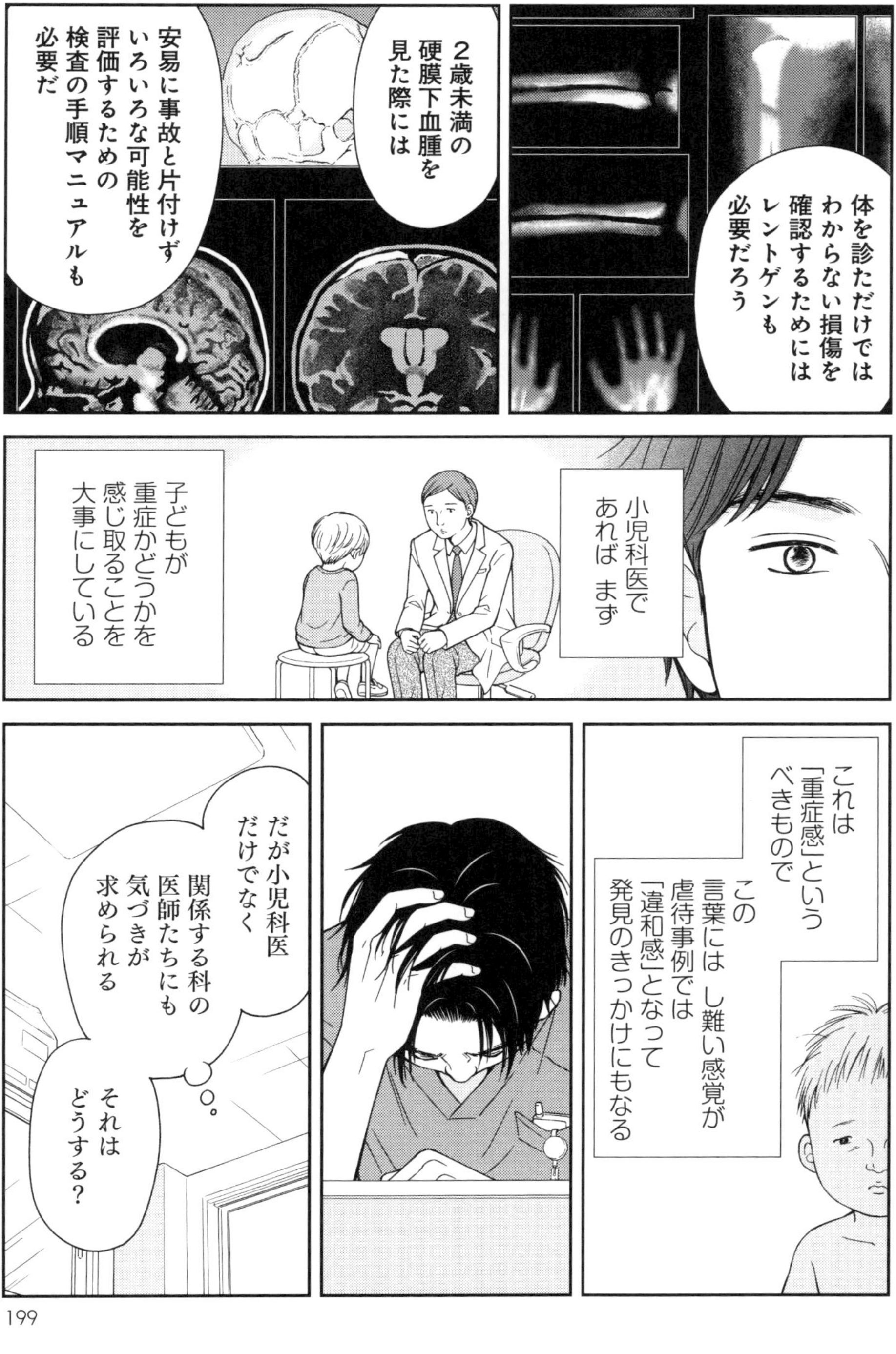
体を診ただけでは
わからない損傷を
確認するためには
レントゲンも
必要だろう
2歳未満の
硬膜下血腫を
見た際には
安易に事故と片付けず
いろいろな可能性を
評価するための
検査の手順マニュアルも
必要だ
小児科医で
あれば まず
子どもが
重症かどうかを
感じ取ることを
大事にしている
これは
「重症感」という
べきもので
この
言葉には し難い感覚が
虐待事例では
「違和感」となって
発見のきっかけにもなる
だが小児科医
だけでなく
関係する科の
医師たちにも
気づきが
求められる
それは
どうする?

※Child Protection Team(チャイルドプロテクションチーム)
=子ども虐待対応院内組織。病院内の各部門・多職種が連携し、子ども虐待に緊急に対応する。

子どもが出す
様々なSOSにも
敏感にならなければ
ならない
過度に緊張したり
警戒心に満ちたり
凍りついたように
無表情な
目や顔をしている
ことがある
こうした
微弱なサインにも
気づけるように
したい
こうして
彼には
子ども虐待への
対応を体系化する
道が見え始めていた

小児科医はもちろん
他の科の医師たちも使える「子ども虐待の診断学」が欲しい
正確に診断するための文献を探し求めて門脇《かどわき》はあちこちに問い合わせていた
朗報は「性虐待の診察トレーニング」で出会った医師からもたらされた
紹介されたのは「PHYSICAL《フィジカル》 SIGNS《サインズ》 of《オブ》 CHILD《チャイルド》 ABUSE《アビューズ》」という本だった
イギリスの小児科医ら※によって書かれたもので
虐待対応に取り組む医師にとって必携の教科書だという
PHYSICAL SIGNS of CHILD ABUSE
Christoph

※クリストファー・J.ホッブス、ジェーン・M.ウィニー

第2話
十字架を背負って一後編

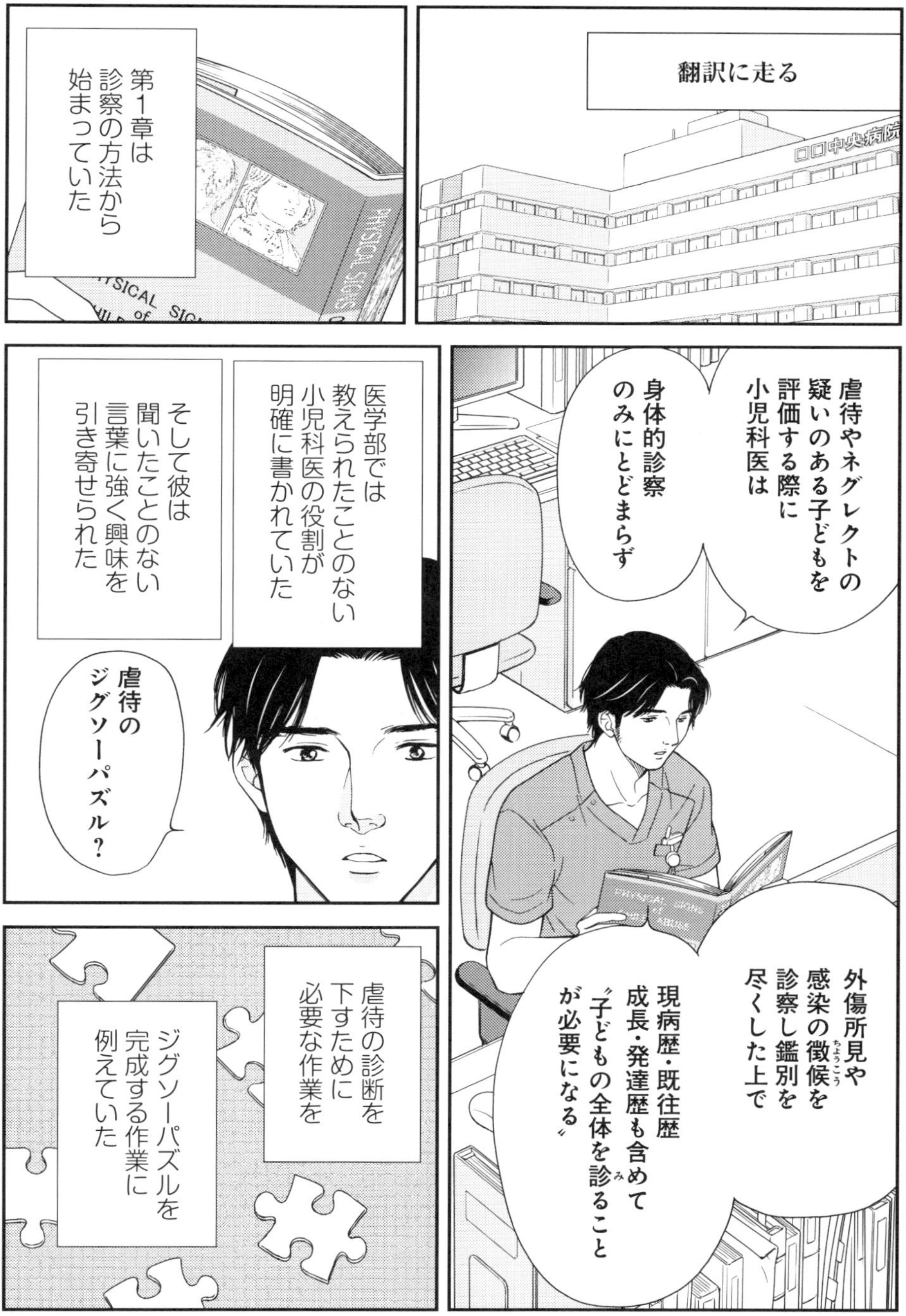
翻訳に走る
ロロ中央病院
第1章は診察の方法から始まっていた
虐待やネグレクトの疑いのある子どもを評価する際に小児科医は
身体的診察のみにとどまらず
外傷所見や感染の徴候《ちょうこう》を診察し鑑別を尽くした上で
現病歴・既往歴成長・発達歴も含めて〝子どもの全体を診《み》ることが必要になる〟
医学部では教えられたことのない小児科医の役割が明確に書かれていた
そして彼は聞いたことのない言葉に強く興味を引き寄せられた
虐待のジグソーパズル？
虐待の診断を下すために必要な作業を
ジグソーパズルを完成する作業に例えていた

身体的虐待を診断するために必要な項目が12枚のパズルとして描かれている
性的虐待事例における診断を行う際の注意点・写真撮影などについても詳細な説明が続く
両親から得た医学的ヒストリー
子どもから得た医学的ヒストリー
第三者から得た医学的ヒストリー
身体医学的症状
挫傷／軟部組織損傷
骨折／頭部／腹部損傷
身体医学的所見
出血疾患否定のための血液検査
全身骨撮影／脳CT,MRI／他の画像診断
警察の捜査、取調べ
児童相談所・児童福祉司による評価
同胞の状況
■「子ども虐待の身体所見」より
これは相当に研究が進んでいる
そして医学的解説とともに虐待を受けた子どものおびただしい数の写真が並んでいた
平手打ちによって額と鼻 眼の周囲に挫傷を負った9か月児
長い爪でつかまれた裂傷が首に点々とついている10歳の女児

☆傷ついた子ども達の絵は、虐待の惨さを伝えるため複数の資料をもとに制作しました。実在の被害者とは関係ありません。

門脇は翻訳を決意した
小児科医になって7年目
悠太《ゆうた》の死から3年目のことだった
ガチャ
ただいま
パパおかえりーっ
結衣《ゆい》
颯太《そうた》！
まだ起きてたのか
おっかえり——っ
結衣ね今日かけっこで一番だったんだ！
パパ見て見てこれ颯太が作ったんだよ
おっすごいな！
へぇーよくできてるじゃないか
パク
あっコラーッ

ご飯まだでしょ？
あたためて用意するからお風呂先に入って
はーい
医師の仕事は決まった時間には終われない
急患が入ったり具合の悪い患者がいれば食事や帰宅の時間は読めない
当直は月に6回泊まり込み翌朝は外来の仕事をこなす
妻はその不規則な勤務に合わせて夜中に料理を作ったり
当直の日の夜食を持たせたりしてくれている
パパあのね
一緒にテレビ見てお願い
ぼくもいっしょ！
恐怖！
心霊写真特集!!
背後霊みたいだな
こわいよーっ
うわーパパ

パパ今日一緒に寝て
ぼくもいっしょ!
じゃあ今日はパパが真ん中だね
こうして子どものぬくもりを感じられて僕は幸せだ…
でも親から愛されたこともなく傷つけられる子どももいる…
これまでなら朝まで寝てしまっていたがこの日からは違った
彼は小一時間寝て起きるとノートパソコンを持って家を出た

コミック喫茶
インターネット
24時間営業
3時間パックですね 950円です
彼は近所の漫画喫茶の個室に入り
スキャンした「PHYSICAL SIGNS of CHILD ABUSE」を開いて翻訳を開始した
3年後 その翻訳本は「子ども虐待の身体所見」※と題されて出版された
子ども虐待の身体所見
多忙な彼を支えたのは
〝自分が別の判断をしていたら悠太は死ぬことはなかった
いまも地域の中で生きていたのだ〟という強い思い
そして医師として未知の知識を知る喜びだった
そしてその後も彼は子ども虐待に関する医学書を精力的に翻訳し続けることになる

※現在は発売されておりません。

子どもの死亡事例検証制度の導入を
だが 翻訳の仕事が 直接世の中を すぐに変える わけではない
彼に 一筋の光明が もたらされたのは 医師になって 10年目 2010年の ことだった
4月 厚生労働省が 実施する
「我が国におけるチャイルド・デス・レビューに関する研究」研究班が 立ち上がったのだ
英語では "Child Death Review" 子どもの死亡事例検証制度 のことであり CDR《シーディーアール》と略されている
中央合同庁舎第5号館
厚生労働省
環境省
制度の目的は 「予防できる子どもの死」を減らすことにある
子どもが死亡した場合に その原因や死亡の状況を 多機関で詳細に検討し 対策を見つけ 防止のための具体的な 提言を行う

不慮の事故や
自殺・医療体制の
不備なども含め
子どものすべての
死亡事例を
検討することを
前提としている
多くの先進国において
国全体　あるいは
自治体単位で
実施されているが
まだ日本には
導入されていない
注目すべきは
CDRは当初
子どもの
虐待死を判定し
減らす目的で
始められたという
点だった
あいまいなまま
検証されてこなかった
事例の死因を
公的に検証しようと
した歴史がある
この研究班の代表者は
遅れをとった
日本の子ども虐待対応に
警鐘を鳴らし
多領域の研究者や
医療・保健
福祉関係者
などをけん引してきた
女性小児科医だ

研究の分担者には
著名な児童精神科医
国立研究センター研究者
大学教授・法医学者
小児科医などが
名を連ねている
その研究を
サポートする
「協力者」として
門脇は指名
された
すでに
彼の名前と活動は
関係者に知られる
ものとなっていた
2011年
門脇は
公開シンポジウム
「ひとりの死から学び
多くの子どもを
守るには」
この研究班が行った
「ひとりの死から学び
多くの子どもを守るには」
公開シンポジウムの
壇上に居た
日本小児学会が
発表した
提言書※を作成した
ワーキンググループの
副委員長として
講演したのだ
人の致死率は
100%ですから
いつか死ぬわけ
です
ですが
大前提として
子どもは死ぬべき
存在ではない

※子どもの死に関する我が国の情報収集システムの確立に向けた提言書（平成24年1月22日）

CDRが我が国にも
導入されるべきで
ありますが
予防の観点を
第一義に置く
必要があります
CDRの目的は
子どもが死ぬ可能性を
最小限にする社会を
作ることにあります
難しい話では
ありません
会場を埋めた
100名ほどが
うなずく
多くは医療や
福祉の場で
子どもの死を
体験した
人たちであり
子どもの死の
検証制度を
望む実務家
たちだった
虐待死であれ
事故死であれ
病死であれ
〝助けてあげられなくて
ごめんね〟〝君の死を
無駄にしないよ〟
という気持ち
思いをシステムに
していくという
ことなのです
History of
Death Review

CDRはアメリカでは1978年に開始され2000年までに法制度も整備されました
この間身体的虐待の実数は半減した一方
虐待死について言えば2.2倍に増えたという報告があります
CDRの成果により虐待死をしっかり把握できるようになったものだと思います
ザワ
ザワ
2.2倍に?
これは子どもがどういう状況で亡くなり
真実はどういうことなのかを明らかにするという意味です
When Children Die, We Need to Know Why.

CDRを日本に導入する
その実現のために向けた努力をしていかなければなりません
アメリカでのCDRは1980年代に草の根運動で広がりをみせ2002年にはナショナル・センターが設置された
現在すべての州で法制化されており全米で1,350のCDRチームが活動している
検証された内容は毎年報告書として公表されその中で具体的な提言が発信される
提言の実施状況を市民がホームページなどで確認できる仕組みも整っている
私たちは同じ目的に向かって
新たな一歩を踏み出すべきだと思います
パチ
パチ

子どもと
家族のために
関係機関の
それぞれに何が
できるのかを
ひざを
突き合わせて
話し合える
体制を作らな
ければならない
自分は
そのために
働こう
子ども虐待の専門医を目指して
県庁
2011年の秋
門脇は県庁で
子ども福祉を
所管する課の
課長と向かい
合っていた
お時間
いただいて
すみません
実は
当県に
児童虐待医療
アドバイザーの
ポジションを作って
いただきたいのですが
どういうこと
ですか？

日本の小児医療の現場では子ども虐待に不慣れで児童相談所ともうまく連携がとれず医療者が疲弊している現実があります
いったん関わればかなりの負担を負わねばならないことから医療者が二の足を踏んでしまっていることもあるんです
ある病院では虐待を疑い別のところでは安易に事故としてしまうその判断が異なったためにその子の運命が大きく変わってしまうようなことはあってはならないと思います
どこに受診しても客観的な評価ができるような体制を作らないといけない
そこまでは理解できますが
僕は県下の病院で虐待の診断や対応に困っている時にリアルタイムにそこでの話し合いに加わり
自分が学んできたことを生かして直接的な支援をしていきたいのです

門脇は医療者を
「すべての医療者」「小児科医師やCPTのメンバー」「虐待について専門性の高い医療者」の3層に分け互いの立場で密接に連携することを考えていた
判断や対応が難しいケースについては積極的にセカンドオピニオンを求めることができる体制になればいい
……
担当課長は子どもの福祉や虐待に詳しい男性で
これまでにも何度か門脇と話し合っている
求められたときに先生が先方に直接出向いていく…のですね？
医師をアドバイザーに委嘱し児童相談所が相談してセカンドオピニオンを求める形は他県にありますが
アドバイザーが病院に出向くことは聞いたことがありません…
病院が児童相談所に打診し医学診断への助言などの要請を受けて
病院に出向くような形になればよいと思っています

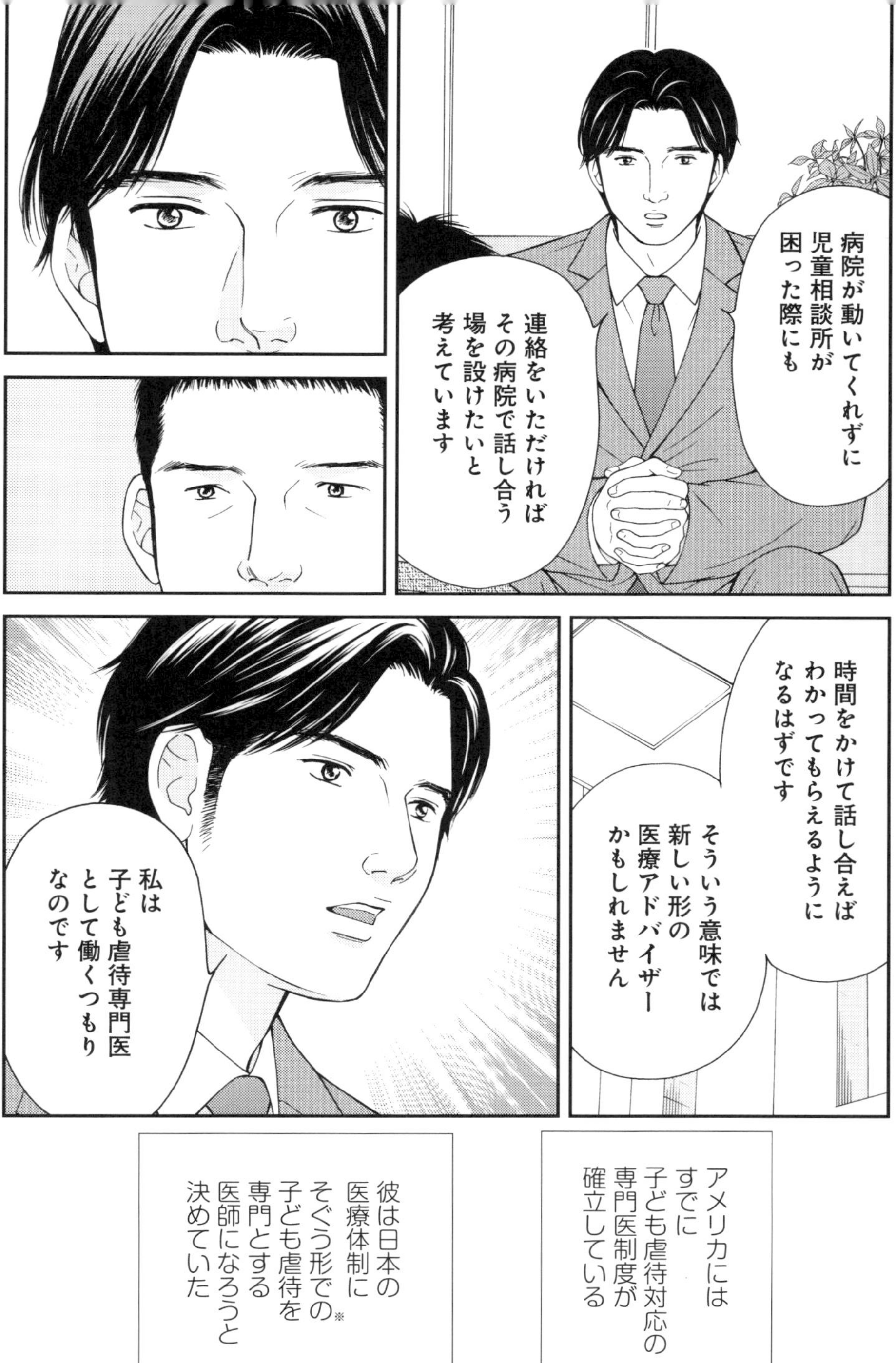
病院が動いてくれずに児童相談所が困った際にも
連絡をいただければその病院で話し合う場を設けたいと考えています
時間をかけて話し合えばわかってもらえるようになるはずです
そういう意味では新しい形の医療アドバイザーかもしれません
私は子ども虐待専門医として働くつもりなのです
アメリカにはすでに子ども虐待対応の専門医制度が確立している
彼は日本の医療体制にそぐう形での※子ども虐待を専門とする医師になろうと決めていた

※米国の小児医療は、クリニック―大規模病院の2層構造で、小児病院で働く虐待専門医が事例に関与しやすい。一方日本では、クリニック―小規模病院小児科―大学／小児病院の3層構造であり、虐待専門医を全ての病院に配置することは事実上困難である。

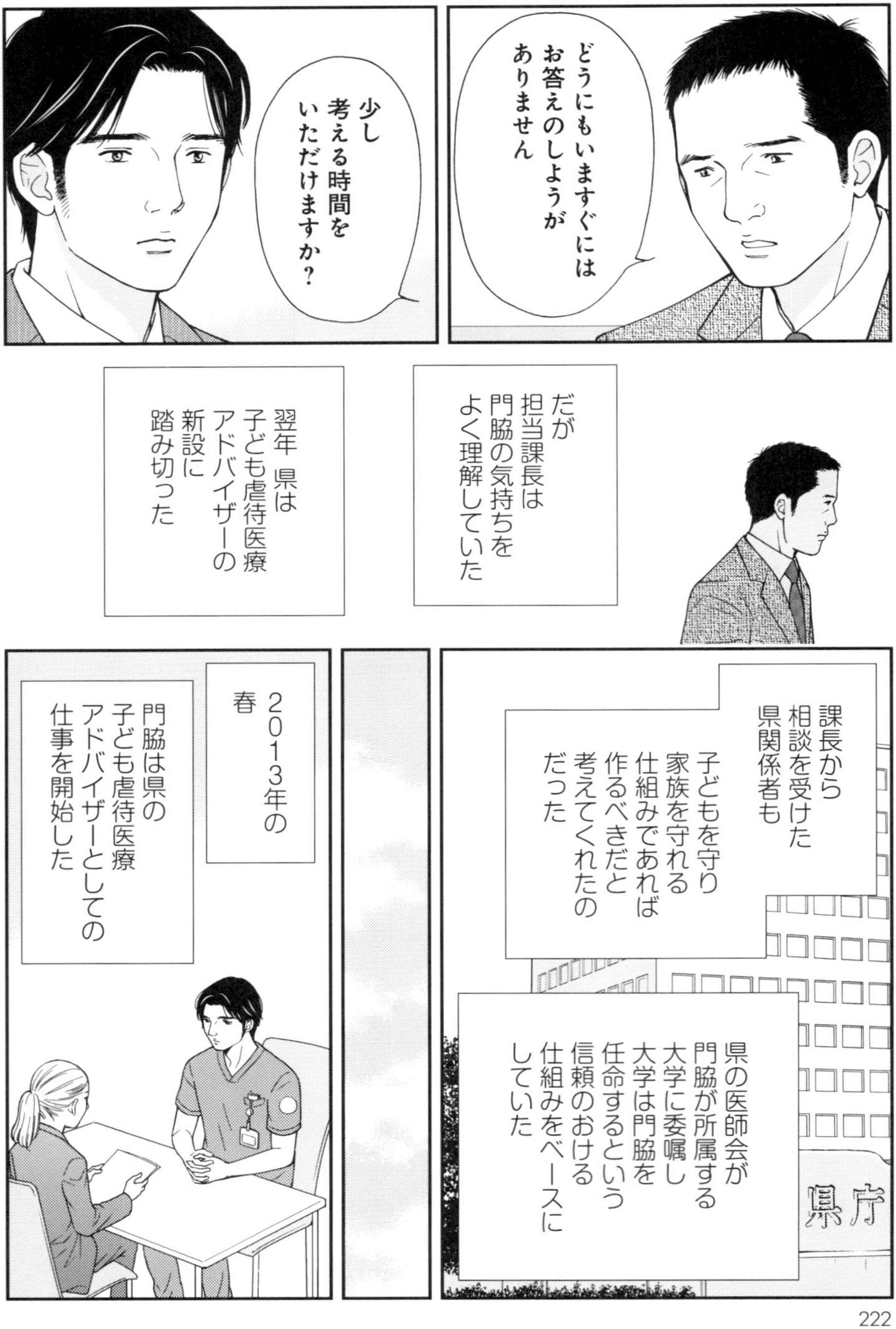
どうにもいますぐには お答えのしようが ありません
少し 考える時間を いただけますか？
だが 担当課長は 門脇の気持ちを よく理解していた
翌年 県は 子ども虐待医療 アドバイザーの 新設に 踏み切った
課長から 相談を受けた 県関係者も
子どもを守り 家族を守れる 仕組みであれば 作るべきだと 考えてくれたの だった
県の医師会が 門脇が所属する 大学に委嘱し 大学は門脇を 任命するという 信頼のおける 仕組みをベースに していた
県庁
2013年の 春
門脇は県の 子ども虐待医療 アドバイザーとしての 仕事を開始した

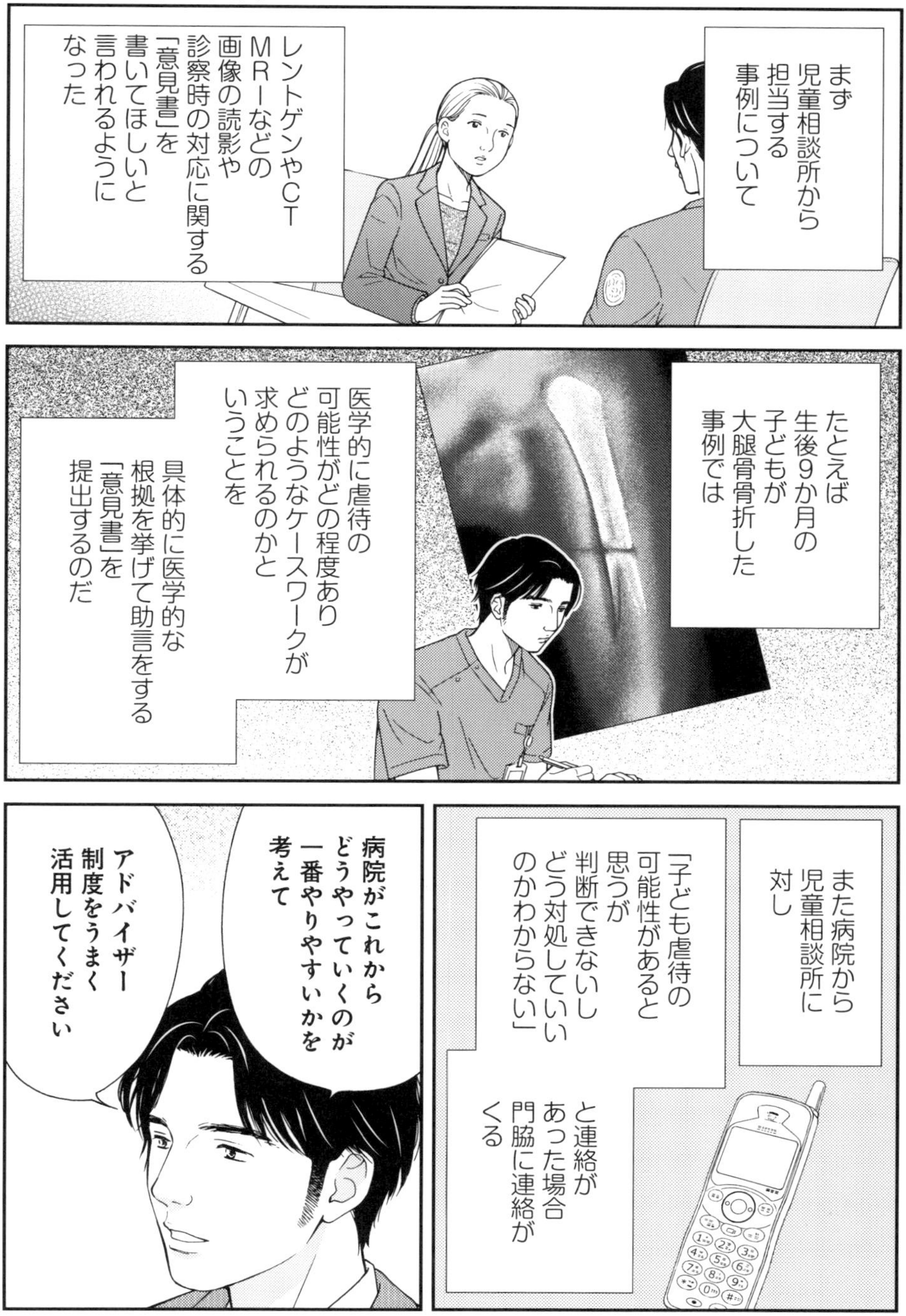
まず児童相談所から担当する事例について
レントゲンやCT MRIなどの画像の読影や診察時の対応に関する「意見書」を書いてほしいと言われるようになった
たとえば生後9か月の子どもが大腿骨骨折した事例では
医学的に虐待の可能性がどの程度ありどのようなケースワークが求められるのかということを
具体的に医学的な根拠を挙げて助言をする「意見書」を提出するのだ
また病院から児童相談所に対し
「子ども虐待の可能性があると思うが判断できないしどう対処していいのかわからない」
と連絡があった場合門脇に連絡がくる
病院がこれからどうやっていくのが一番やりやすいかを考えて
アドバイザー制度をうまく活用してください

よければ親御さんとの話し合いや
児童相談所への通告なども担います
相談は平均して月に3例ほどあり
△▽病院
門脇は県下の病院に出向き児童相談所や
警察などとの話し合いにも時間を割いている
いつでも相談できる専門の医師がいて安心だと言われる回数は増えた
自分のように子ども虐待に専門的に積極的に対応する医師が増えてほしいと門脇は切実に思う
だが目の前の壁は厚い

全国の中核病院をみるとCPTの設置率は9割を超えるようになった
だが活動にかかる費用は全て病院や個人の持ち出しでメンバーはボランティアで活動しているのが現状だ
子ども虐待に積極的に対応している病院にはかならずリーダーシップをとっている医師がいる
対応する時間と労力は想像を絶するほどだが病院と彼らへの報酬の仕組みはない
門脇が行っているスタイルの子ども虐待医療アドバイザーは増えていない
院外の仕事は病院収入にはならないためで
診療報酬か医療加算などによって病院の収入に結びつく仕組みが必要だ
アメリカの小児科医を対象に2009年に実施されたアンケートがある
「十分に補償がなされるのであれば医師としての活動の10-20%を子ども虐待に費やしてもよい」と回答した医師は14.4%いた※

※出典：Child Abuse & Neglect 33 (2009) 76-83。

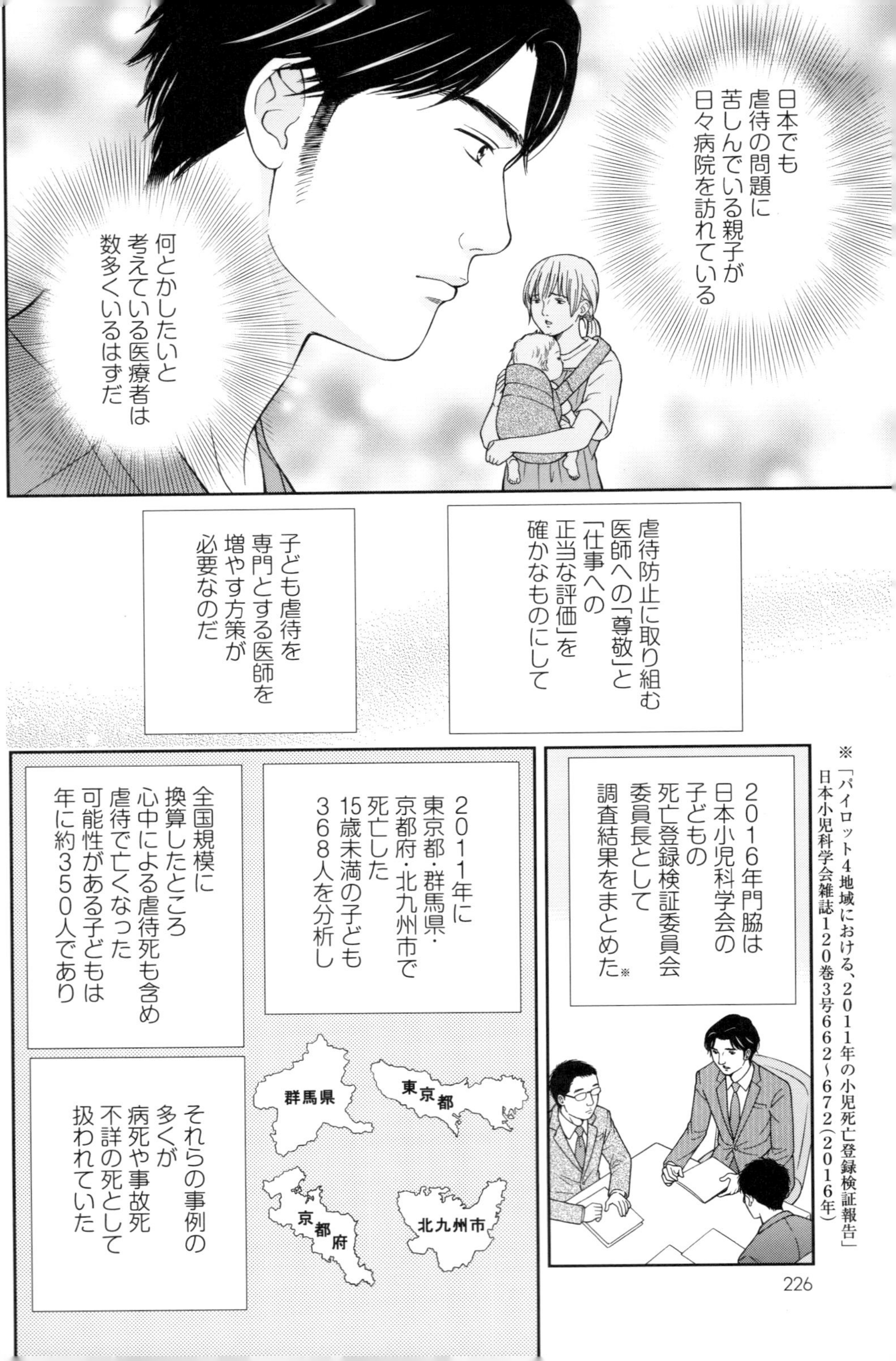
日本でも
虐待の問題に
苦しんでいる親子が
日々病院を訪れている
何とかしたいと
考えている医療者は
数多くいるはずだ
虐待防止に取り組む
医師への「尊敬」と
「仕事への
正当な評価」を
確かなものにして
子ども虐待を
専門とする医師を
増やす方策が
必要なのだ
2016年門脇は
日本小児科学会の
子どもの
死亡登録検証委員会
委員長として
調査結果をまとめた※
2011年に
東京都・群馬県・
京都府・北九州市で
死亡した
15歳未満の子ども
368人を分析し
全国規模に
換算したところ
心中による虐待死も含め
虐待で亡くなった
可能性がある子どもは
年に約350人であり
群馬県
東京都
京都府
北九州市
それらの事例の
多くが
病死や事故死
不詳の死として
扱われていた

※「パイロット4地域における、2011年の小児死亡登録検証報告」日本小児科学会雑誌120巻3号662～672(2016年)

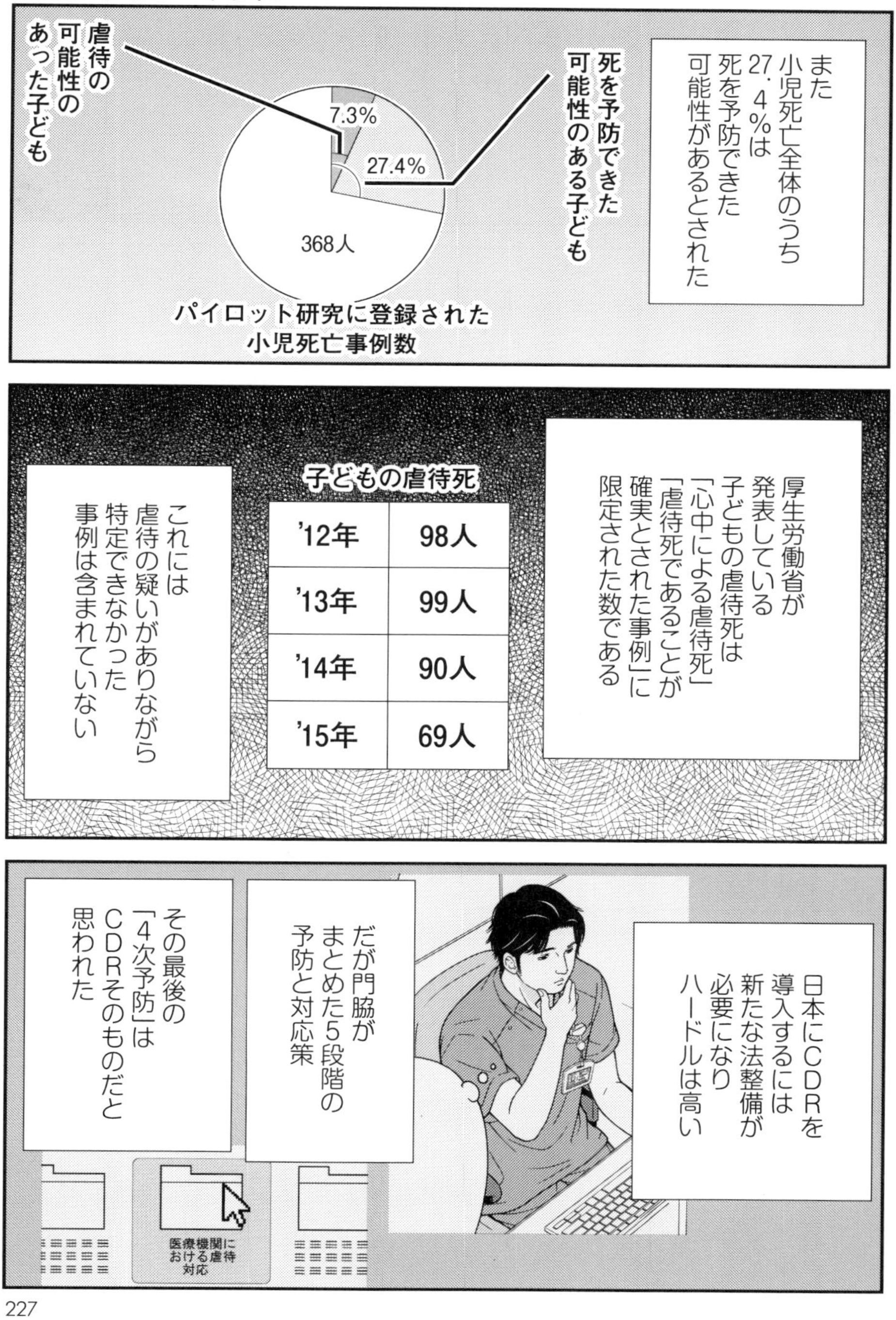
また小児死亡全体のうち27．4％は死を予防できた可能性があるとされた
死を予防できた可能性のある子ども
虐待の可能性のあった子ども
7.3%
27.4%
368人
パイロット研究に登録された小児死亡事例数
厚生労働省が発表している子どもの虐待死は「心中による虐待死」「虐待死であることが確実とされた事例」に限定された数である
子どもの虐待死
'12年 98人
'13年 99人
'14年 90人
'15年 69人
これには虐待の疑いがありながら特定できなかった事例は含まれていない
日本にCDRを導入するには新たな法整備が必要になりハードルは高い
だが門脇がまとめた5段階の予防と対応策
その最後の「4次予防」はCDRそのものだと思われた
医療機関における虐待対応

４次予防:子どもが死亡した際の詳細な検証
死亡事例が得られる教訓をしっかりと受けとめる体制が必要である
子どもの死をむだにしない
CDRはそのためにも必要なのだ
子どもが好きだから！
門脇先生！

先生変わりないなぁ!
俺だよ浜崎圭吾《はまざきけいご》
はまざきけいご…
!
圭吾なのか?
15年ぶりじゃないか!
小学生だった圭吾……
あの頃は痩せていてボーイソプラノの高い声だったが…
娘さん?

亜依《あい》です
先生のおかげで結婚して子どもも授かったんだ
よくお腹をこわすんで近くの医院で紹介状もらって
きょう受診したんだ
大きい問題はなさそうだって言われてホッとした
僕のおかげなんかじゃないよ
あっちで腰かけて話さないか?
体調どう?
相変わらずだけど
つきあい方はわかってるんで大丈夫っす
門脇は大学1年生のときから小児科医になった後も
15年間ボランティアとして糖尿病の子どもたちのサマーキャンプに参加していた
圭吾はやんちゃで言うことを聞かない患者だった

サマーキャンプ楽しかったです
そもそも自然の中で走り回ったことがなかったから
最初は低血糖になったらどうしようって緊張してたけど
先生たちが何が起きても僕らが対応するから思いっきり遊べって言ってくれて
結局俺中学3年まで参加したんだけど
ほんと大事な思い出です
そうだ最初の年
キャンプが終わってから僕に手紙をよこしたよな
そうだったっけ?
〝お前が担当ですごくいやだった〟って書いてあった
傷ついたんだぜ
子どもは天使のようにかわいいものだっていうイメージを思いっきりぶち壊してくれた
何を言っても斜に構えて答えてくれなくて
付き添ってたお母さんが通訳みたいに間に入って圭吾と会話してたっけ…

何も信用できなかったし
なんで自分が毎日注射をしなければならないのかわかんなかったし
キャンプなんかしたって変わらないのに親がむりやり連れて行ったから
でも俺入院したときに先生を見たんですよ
いつも病棟を駆け回ってて
子どもたちを治そうと夜中も走ってくれているって
それから少し変わったかな

パパ かえろ
ああ わかったよ
先生 そろそろ 帰ります
何か心配があったら言ってきてくれよな
会えてよかったよ
自分はなぜ小児科医になったのか
その原風景が彼の中いっぱいにひろがった
それはまさに臨床の実習で回った小児科病棟の光景だった
さまざまな困難を抱えている子どもたちがいる
僕は医師として専門性を身につけている
子どもの生活を支えていきたい

子どもが好きで好きで
教師や保育士など子どもに関わる仕事であればどれを選んでもいいと思っていた
だが彼は生まれてすぐから大人になるまで
子どもの生涯に一貫して関わり続けることができる小児科医を選んだ
そのときに夢見たのだ
子どもが子どもらしくあり続けられるように医師として全力を尽くす
そして関わった子どもが親になって自分の子どもを連れて声をかけてくれる
そのとき医師になって本当によかったと思うだろうと

CDRへの道
日本小児科医会
新着記事
成育基本法が
12月8日開催の参議院本会議で
可決成立いたしました。
「成育基本法※」が2018年12月8日開催の参議院本会議で可決された
門脇は日本小児科学会や日本小児科医会のホームページの告知文を何度も読み直した
日本小児科学会
お知らせ
成育基本法が成立しました。
この法は子ども虐待や妊娠・出産などをめぐる社会問題に対応するため妊娠・出産から子どもが成人するまでの間切れ目のない支援体制を提供することを目的としている
第15条2には「成育過程にある者が死亡した場合…
その死亡の原因に関する情報に関し その収集管理 活用等に関する体制の整備データベースの整備その他の必要な施策を講ずるものとすること」と明記された
CDRという言葉は使われていないが子どもの死因解明の制度化に向けて現実的な表現がようやく盛り込まれたのだった

※正式には「成育過程にある者及びその保護者並びに妊産婦に対し必要な成育医療等を切れ目なく提供するための施策の総合的な推進に関する法律」

法案成立直前の12月5日には厚生労働省から通達が出された
中央合同庁舎第5号館
厚生労働省
環境省
ここには子どもの死に関して解剖などの諸検査を行った医師（例えば法医学者）は死体検案書を提出した医師（例えば小児科医）に対して
捜査機関を介するなどして死因等に関する情報を提供すると明記されている
悠太が亡くなった時にはできなかった情報の共有の道が明記されたのだった
制度が整いつつある
だが虐待死ゼロへの道はまだはっきりと見えたわけではない
悠太の死で学んだことは
子どもの死に関わった医者らが「直接ひざを突き合わせて」情報を交換し共有するという仕組みが必要だということで

その上で関わった当事者同士による検証がまずなされ自治体の多機関の実務者レベルでの二次検証がなされ

それらをデータにまとめ国レベルで検証するという段階を経て

真に有益な再発防止策も生まれるのだ

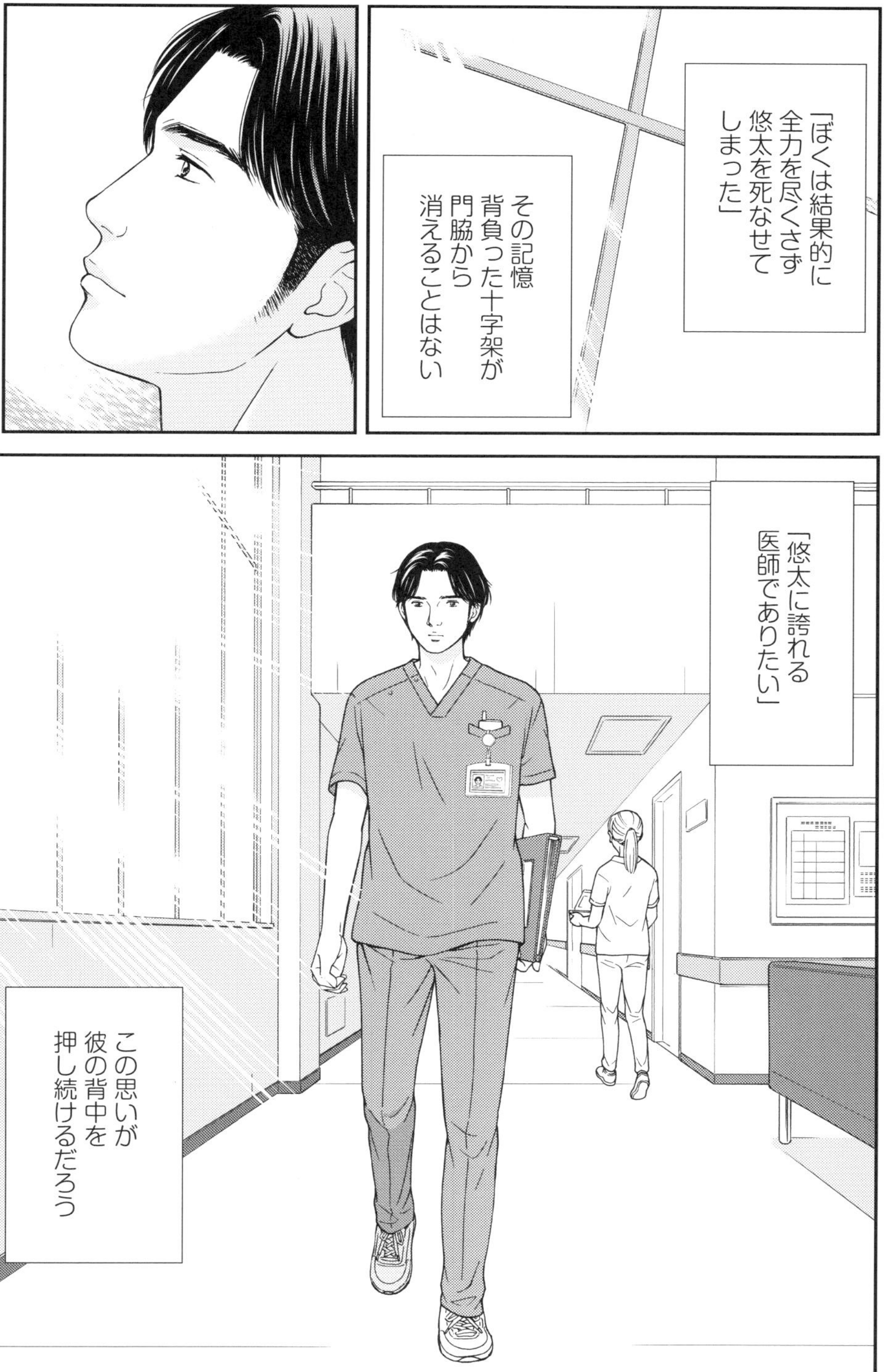
「ぼくは結果的に全力を尽くさず悠太を死なせてしまった」
その記憶 背負った十字架が 門脇から 消えることはない
「悠太に誇れる医師でありたい」
この思いが 彼の背中を 押し続けるだろう

ソラちゃーん
ソラーッ
もう何度目になるだろう
ソラのような境遇で育った子どもに
何度失敗は許されるのか?

第3話

死を乗り越えた子どもたちへ — 前編

失敗
ささおちゃん
向こうのベンチにもいないっ
美郷《みさと》ちゃん
どこ行っちゃったんだろう
そんなにお金持ってないはずだし
ご飯も食べてないんじゃ……
考えようどこにいるのか
日が暮れる前に…急ごう！
うん！
佐々生《ささお》のスマホが鳴ったのはいまから1時間ほど前だった

だー
まーくん こっち こっちー
RRRR
佐藤さえり/ソラ
もしもし ソラ
どうした?
ソラは20歳
戸籍上の名前が 嫌いだといい 呼び名を〝ソラ〟と 自分で名付けた
漢字で〝宙〟と書く

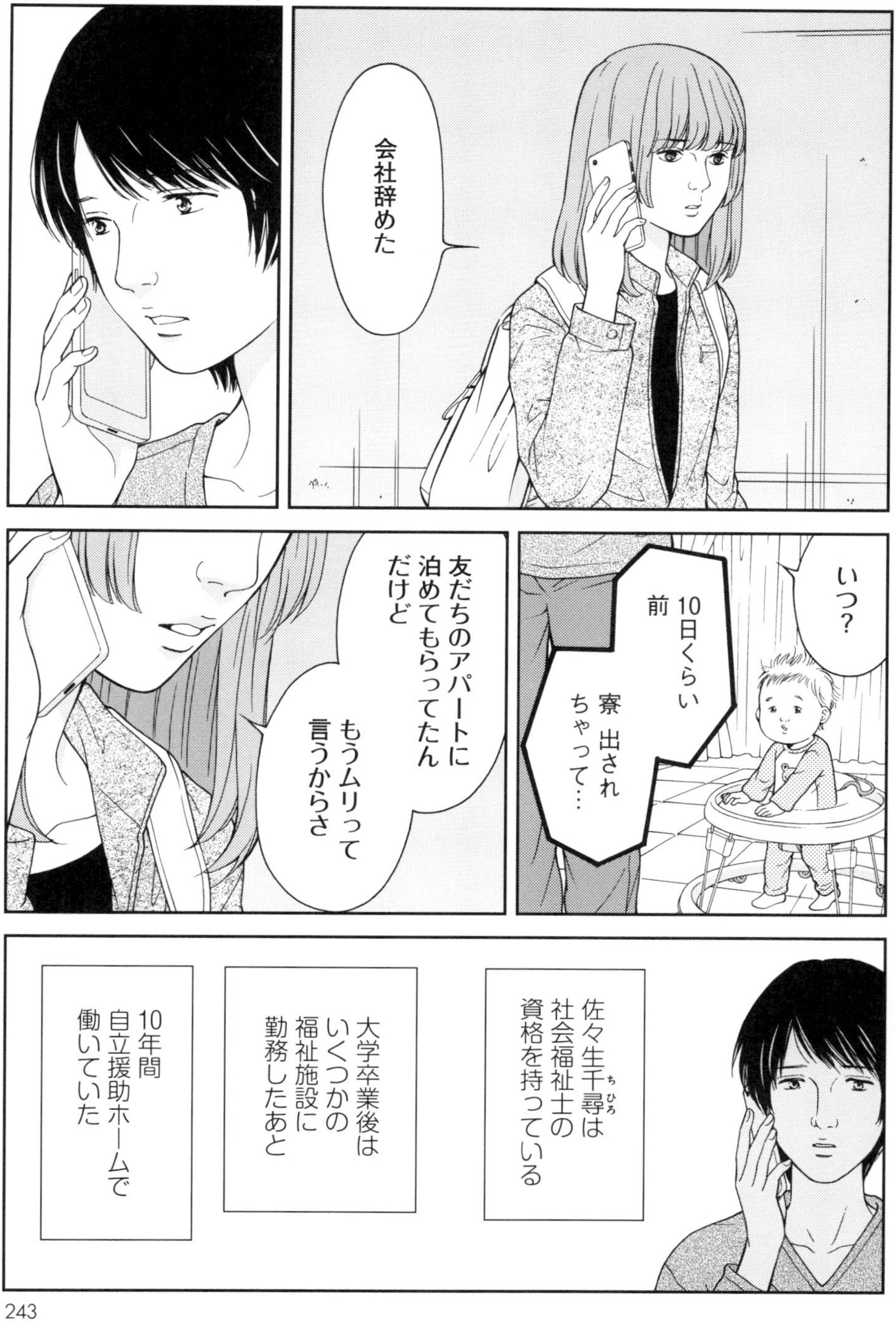
会社辞めた
いつ？
10日くらい前
寮出されちゃって…
友だちのアパートに泊めてもらってたんだけど
もうムリって言うからさ
佐々生千尋《ちひろ》は社会福祉士の資格を持っている
大学卒業後はいくつかの福祉施設に勤務したあと
10年間自立援助ホームで働いていた

自立援助ホームとは義務教育を修了した15歳から20歳までの子どもが入所する施設で全国に164か所※ある
※平成30年12月1日現在
児童養護施設で暮らした子どもも対象となる
家族に頼れず何らかの事情を抱えて自立が難しい子どもたちに
生活の場を提供し自立をサポートすることを目的としている
佐々生は35歳を過ぎて出産し
子育てのため1年前に退職したが
ホームで出会った子どもたちとはいまも連絡を取り合っていた
ソラもそのひとりだ
ソラは小学2年のときに児童相談所に一時保護されその後児童養護施設で育った

120年後の約束

保護されたとき数匹のウサギの死骸と一緒の物置にいた
母親はソラの父親と離婚しており
再婚した義父の趣味がウサギの繁殖でその家には多数のウサギがいたという
義父はしつけと称してソラに殴る蹴る
首を絞める水風呂に沈める
厳冬期でもかまわず家のベランダに立たせて家に入れないなどした
一時保護されたときは食事もとれないほど衰弱しており
もう少し遅れていれば亡くなっていたかもしれないと聞いていた
迎えに行くよ
いまどこにいるの?

うん…
だけど
いいよ…
よくない
会おう
話そうよ
やっぱり
いい！
ブツッ…
待って！
ソラ！
電源
切ってる
蓮見　美郷
もしもし
美郷ちゃん
忙しいときに
ごめんね
ソラが
仕事を辞めて
今どこにいるか
わからないの
えっ!?
探さなきゃ

蓮見《はすみ》美郷は
佐々生と同じ
自立援助ホームに
勤務していた
経理の仕事だったが
ホームで子どもたちと
関わるうちに
もっと福祉の勉強を
したくなり
30代後半で
退職して
関連の講座を
受講している
ふたりは協力しあって
ホームを出た子どもの
相談に乗っていた
最初は
数人だったが
だんだん相談の
数は増えている
知らなかった
10日もそんな生活
してたなんて
………
ささおちゃん
迎えに来て
くれる？
私も一緒に
探しに行く！
待ってる間に
思いつくところに
電話してみるから！
ありがとう！

お義母《かあ》さん すみません
夜まで まーくんのこと お願いできま せんか?
ええ 大丈夫よ
ありがとう ございます!
ガチャ
ブロロ…
初めて 自立援助ホームに やってきたソラは 色白で痩せて 小さかったが
まるで おとぎの国の お姫様のよう だった

ホームで生活しながら最初に就いた仕事は
精密機械の部品の梱包だった
これまでにもホームの子どもを受け入れてきた中堅の企業だ
だがソラは2か月ほどで会社を無断欠勤しそのまま行かなくなった
先輩と同僚にいじめられたから…
結局いくつかの仕事を転々としたあと
寮付きのレストランの裏方の仕事に落ち着き
1年ほどしてソラの意思でホームを出た
その仕事も辞めてしまった…

虐待などで
心身ともに傷つき
親からの支配や
恐怖の中で
育った子どもは
対人関係が苦手で
自分に自信がなく
良好な関係の
作り方がわからず
苦しむことがある
怒りの
コントロールが
難しいこともある
仕事を見つけても
先輩や同僚と
うまくやれず
長続きしない

15歳だから
18歳になったから
自立せよと
定規で線を引くような
理屈は通用しない

ソラちゃんーっ
ソラーッ
いない…
この先の川沿いまで行ってみよう
うん！
帰る家がない
佐々生は児童養護施設と自立援助ホームに電話した
事前に美郷が連絡していたのでどちらの施設でも心あたりを探してくれていた
児童養護施設は母親に連絡を取ったが帰って来ていないという

ささおちゃん
バイパスのそばに
お母さんが再婚する前にソラちゃんと暮らしてた家があるって！
もう15年以上前のことだし
どの部屋かもわからないけど
行こう！
そこは母子世帯が優先的に入居できる公営住宅で
4階建て10棟が並び建っている
こっちの棟からひとつずつ探してみよう
そうだね！
絶対に見つける
見つけるから待っていて

ソラの腕には自傷行為で傷つけたナイフの痕が幾筋もついている
睡眠薬を数十錠飲んで胃洗浄したこともあった
助けを求めてたのに…
わたしは仕事から離れてることに甘えて
ソラをつなぎ留められなかった
ソラには帰る家がないのだ

美郷ちゃん右側の駐車場をみて!
私は左から!
うん!
全部見たけどいないよ
もう一回ホームに電話して……
!
裏手に誰かいる!
ソラ!?

探したよ

遠くから自分を見ている自分
サッカーボール
お義父《とう》さんが怒り出したら
わたしはサッカーボールになるんだよ
蹴られるとき足や腕が出ないように丸まるの
ひざを抱えて丸くなれば蹴られるところが少なくなるでしょ？

お義父さんは
ニコニコしてる
ときもあるけど
いつ
怒り出すかは
わからないいんだよ
これは
ナイフで
切られた傷
私が小学校から
帰るとお酒を
飲んでいて…
ただいまは
どうした
その日は
お義父さんもお母さんも
いないはずだったから
「誰もいないと
思いました」と言うと
すごく怒り出して
どうして
あいさつが
できない！
いつも
言ってるだろう!!
台所からナイフを
持ち出したから
怖くて逃げたけど
部屋の隅で
つかまって
ナイフが足に
当たった

血がすごく出たんだよ
だけどね痛くないの
サッカーボールになってるときもそう
そういうときわたしは
すこし上の方からそれを見ているの
ホームに来たときソラは話すのが苦手でひとりで絵を描いてばかりいた
ときおり自傷行為が見られ意識がボーッとして反応がなくなったり感情の起伏が激しくなりパニックに陥ることがあった
児童精神科医は子ども虐待による解離性障害《かいりせいしょうがい》などがあると診断し定期的に通院していた

このホームで働いていた職員は男女6名いたがソラはだんだん佐々生のそばにいたがるようになり
入所から数か月経ってふたりきりのときにこの話をしてくれた
「暴力を受けるとき自分はサッカーボールになった」「自分から少し離れてそれを見ていた」という表現は男女を問わずこれまでにも聞いたことがあった
ほんとによくぞ生き延びた
よく生きていてくれたね
だけどソラは暴力を振るった義父を非難しても母親の悪口は決して言わない
記録によれば母親からも暴力を受けていたのに…
また別の日に話しこんだとき
ソラは照れているのを茶化すようにこう言った

ささおちゃん
ソラの里親になってよ
えっ…
ウソ冗談

信頼関係を築きながら支えること
その大切さを佐々生は理解していた
だがそれは子どもにとって親を求めることに近い感情を抱かせるのだ
ソラ
わたしは里親にはなれない
一体どうすれば――!?
公営住宅で佐々生と美郷を見たソラは
迷子になった子どもが親の迎えを待っていたような顔をしていた

仕事を続けることが
どうしても難しく
やめた途端に
住むところがなくなり
食べものにもこと欠き
ほとんどお金を
持っていない上に
頼れる人がいない
こうした子どもが
いることを…
現実をもっと
社会は知るべきだと
佐々生は思う
生活保護
美郷ちゃんがね
ソラが住めるアパートを見つけてくれたの
シェルターっていうところなんだけど
お金必要？
有料は有料なんだけどそんなに高くない
それに次に住む所が決まるまでの間だけだから

ベッドとかある？
あるよ
テレビとか台所には食器も
暖房機もついてるよ
……
そこに行っても会いに来てくれる？
もちろん！
大丈夫
ひとりにはしないからね
ふぅ…

母子支援活動を行っているNPOが借り上げたアパートは
街の中心部から電車で少し移動した郊外にある
近くにコンビニやコインランドリーがあり2LDKで日当たりがいい
だが日額2,500円の費用はソラが負担しなければならない
早くここを出て住める場所を確保しなければならなかった
市役所
翌日市役所に出向き美郷が手続きを手伝って生活保護を申請した
申請が通ればひとまず住む所食べるものの心配はなくなる
自立を考えるのはその先のことだった

申請は簡単には通らない
ソラと美郷は何度も窓口に通い説明を重ねた
数週間後ソラに生活保護の決定が出た
良かった…！
これでようやくソラは
自立に向かって歩きだせる…………！
ポテト
ポテト
だがそうはいかなかった
ソラが家にとじこもるようになった

自殺願望
佐々生は1日1回は携帯にメールを送り2・3日おきにアパートを訪ねた
ソラからは2日に1回はメールがくる
昼夜逆転がはじまり昼間は外に出られない
だが食べる物は深夜に近くのコンビニに行きなんとか買っているようだった
佐々生がアパートを訪ねるのは夕方からになった
チャイムを鳴らしてもすぐにドアが開くことはない
5分か10分待つ
ガチャ

しばらくすると
ぼんやりした
様子でソラが
顔をのぞかせる
ひと言ふた言
話をする
じゃあまた
来るからね
ソラは
疲れ果てており
永遠にこの状態が
続くように思えた
佐々生は
何も要求せず
プレッシャーを
かけないようにして
ただ
閉じこもるソラを
見守った

ご苦労さま
まーくん さっき夕食すんだから
いつも本当にすみませんっ
千尋ちゃん
気にしないで！
あたしが代われることはできるだけするから！がんばりなさい
お義母さん
ソラに異変を感じたのはアパートを借りて3か月過ぎた頃だった
メール連絡が3日間絶えた
電話にも応答しない

連絡をしないことも
自立につながると
考えていた佐々生だが
美郷を呼び出し
ふたりでアパートの
チャイムを鳴らした
夜にはまだ
時間があり
室内にいると
思われた
20分後
ガチャ
心配してたよ
ソラちゃんと
ご飯
食べて…
!!

ソラちゃん…大丈夫？
傷が化膿するといけないから病院で診《み》てもらおう

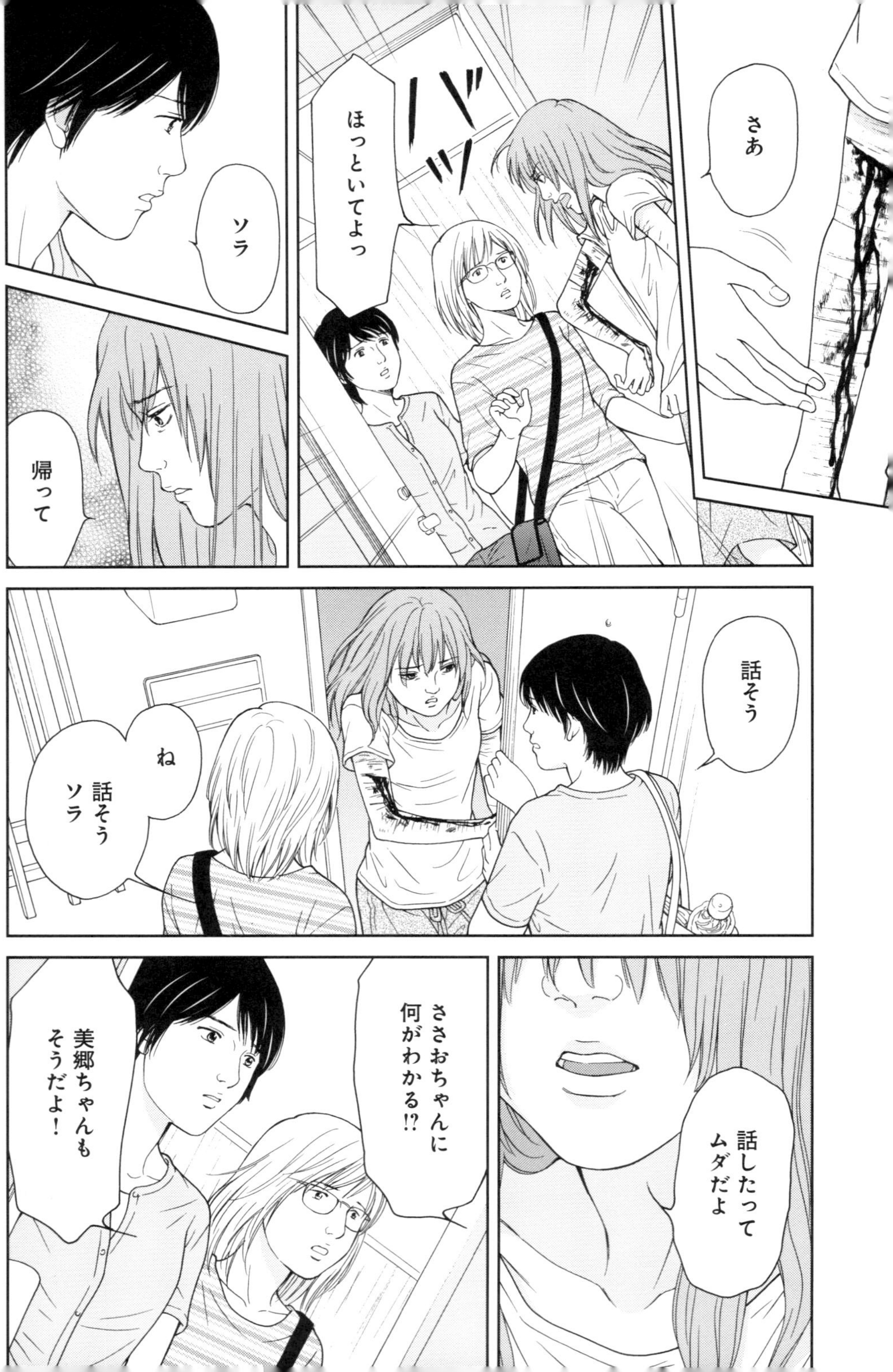
さあ
ほっといてよっ
バッ
ソラ
帰って
話そう
ね 話そう ソラ
話したって ムダだよ
ささおちゃんに 何がわかる!?
美郷ちゃんも そうだよ!

受けたことの
ある人にしか
わからない
自分の
愛情の受け方は
暴力しか
知らないんだよ…!!

第3話

死を乗り越えた子どもたちへ — 後編

ささおちゃんに何がわかる!?
受けたことのある人にしかわからない
自分の愛情の受け方は暴力しか知らないんだよ………!!
振り返ればソラからメールがあったのは今から4日前だった
くソラ
ソラ
ねえねえ
14:36

ソラ
ねえねえ
14:36
洋服とかいろいろ買いたいから一緒に行ってほしいんだけど
14:40
ショッピングモール××××
14:41
ショッピングモ
14:41
そこから近いしできるだけソラちゃんひとりで行ったほうがいいよね
14:50
もちろん一緒に行ってもかまわないけど
かまわないけど
14:50
うーん…
14:53
じゃあ頑張って自分で行ってみる
14:56
過度に手伝わず少しずつでいいから自分のことができるように
そう願いながら返事を書いたのだが——
……
ささおちゃんに何がわかる!?

その事件の後ソラが落ち着いた頃を見計らってかかりつけの児童精神科医を受診した
医師から聞かされたのはメールは一種のSOSだったということだった
ねえねえ
ソラは重度の暴力とネグレクトを受けて育ち
自分が生まれたことや存在を否定している
それが不安定な状態を生み自傷行為につながったという
〝愛情の受け方は暴力しか知らない〟…
自傷行為は何とかして苦しみから逃れて生きていきたいという思いがさせている
自分をリセットし一瞬でも楽になることで自己のバランスをとっているのだろう

その後も
自傷行為は続き
佐々生《ささお》たちは治療に
付き添った
この状態は
いつまで
続くのか
何年になるのか
見通せなかった
居場所を作ろう！
ソラの他にも
子どもたちの
相談を受ける
ようになり
佐々生と美郷《みさと》が
ボランティアで
サポートする数は
20を超えていた
みな
児童養護施設や
自立援助ホームを
出ており
年齢は18歳から
30歳までと
幅広い

相談者のほとんどが重い身体的虐待やネグレクト性的虐待を受けた過去があった
帰るところがないんだ
生活費が足りなくて…一体どうしたらいい？
病院に一緒に行ってよ
子どもが生まれたけどどうやって育てれば…
夫の家族と同居してるんだけど
全然うまくやれないの
内容は様々だがニーズには家庭訪問や付き添い
電話相談などがあった

ソラちゃんたちの様子を見れば見るほど
大人の都合で無理に自立に向かわざるを得ない
そんな風に思えてくる
助けを必要としている子どもたちをしっかり受けとめるには
どうしたらいいかなって
私もささおちゃんに相談しようと思ってたの
毎日連絡がある子がいる
電話とメールですむ場合もあるけど個人の力には限界があるし
現にニーズに応えられていないし
これからは組織的なサポートが必要だと思って
私もそう思う
でも…

サポートして終わりじゃなくて
みんなが集まれる場所
居場所を作らない？
居場所？
実はソラちゃんに〝里親になってよ〟と言われたことがあるの
里親になることはできないけど…

一緒に頑張ることはできるから
Feel Free サロン
どんなことでも大丈夫です
お気軽にご相談くださいね
翌年の4月
佐々生と美郷は児童福祉の関係者や社会福祉士心理カウンセラーなどに協力を依頼し
児童養護施設や自立援助ホームを出た子どもたちのためのサロンをオープンさせた
最初は皆がボランティアだったが美郷が走り回り
数か所から補助金をもらうことができた

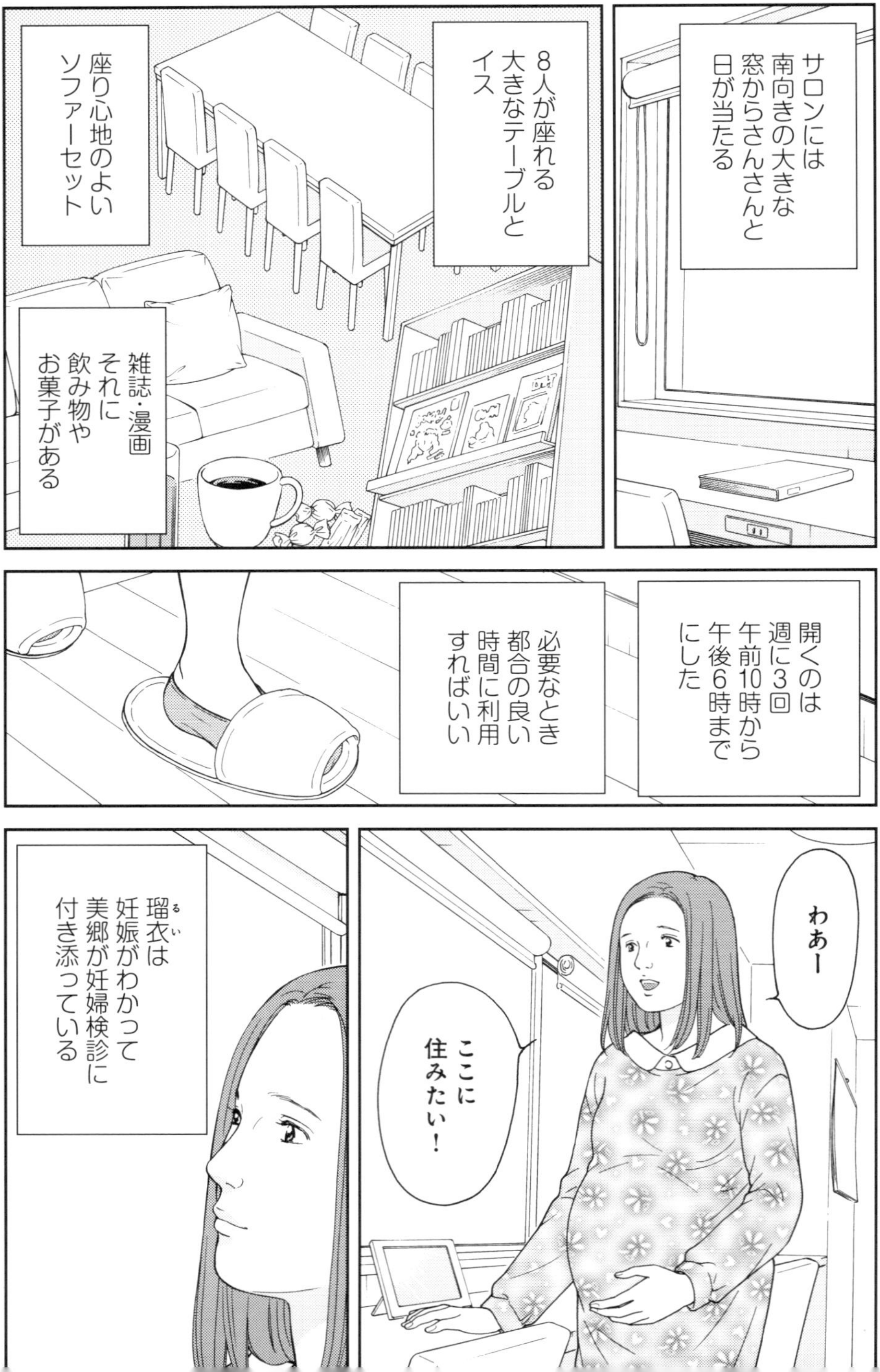

サロンには
南向きの大きな
窓からさんさんと
日が当たる
8人が座れる
大きなテーブルと
イス
座り心地のよい
ソファーセット
雑誌・漫画
それに
飲み物や
お菓子がある
開くのは
週に3回
午前10時から
午後6時まで
にした
必要なとき
都合の良い
時間に利用
すればいい
わぁー
ここに
住みたい！
瑠衣《るい》は
妊娠がわかって
美郷が妊婦検診に
付き添っている

彼女には帰る家がない
家族のモデルや子育てのイメージを描けない彼女は不安定になりがちで妊娠中からのサポートを必要としていた
他の子どもたちもやってきた
昼間働いていれば夕方から夜に
夜の仕事をしていれば出勤前に寄る者もいた
サロンには立ち上げに加わった職員たちが交代で常駐し子どもたちと会話した
黙ってスマホをいじっているだけの子どももいる
自然体で気を遣わず過ごせばよかった
ここしか相談できるところがない
ここならなんでも話せるよ
みんな自分に向き合ってくれる人を欲しがっている

ここはその子どもたちの居場所
未来に踏み出す足場
ひとりひとりに向き合い必要なサポートをしていこう
このサロンに同世代の輪も作りたい
それぞれに心を開ける友だちが見つかるといい
もう失敗したくない
ピコン
くソラ
ソラ
15:21
サロンって何曜日にやってるの?

ソラがとじこもってから1年半近くになろうとしていた
〝長期戦〟を覚悟で関わろうとスタッフが考え始めていたときソラからメールがきた
サロンの開設から半年後のことだった
ソラ
サロンって何曜日にやってるの?
15:21
月・水・金だよ。来てみる?
15:37
サロンって何曜日にやってるの
月・水・金だよ。来てみる?
15:37 既読
ソラ
うーん考えとくけど
15:41
ソラの部屋は散らかし放題になっていた
相変わらず昼夜逆転して昼間は寝ている
だが佐々生はソラに小さな変化が起こっていることに気づいていた
ピンポーン

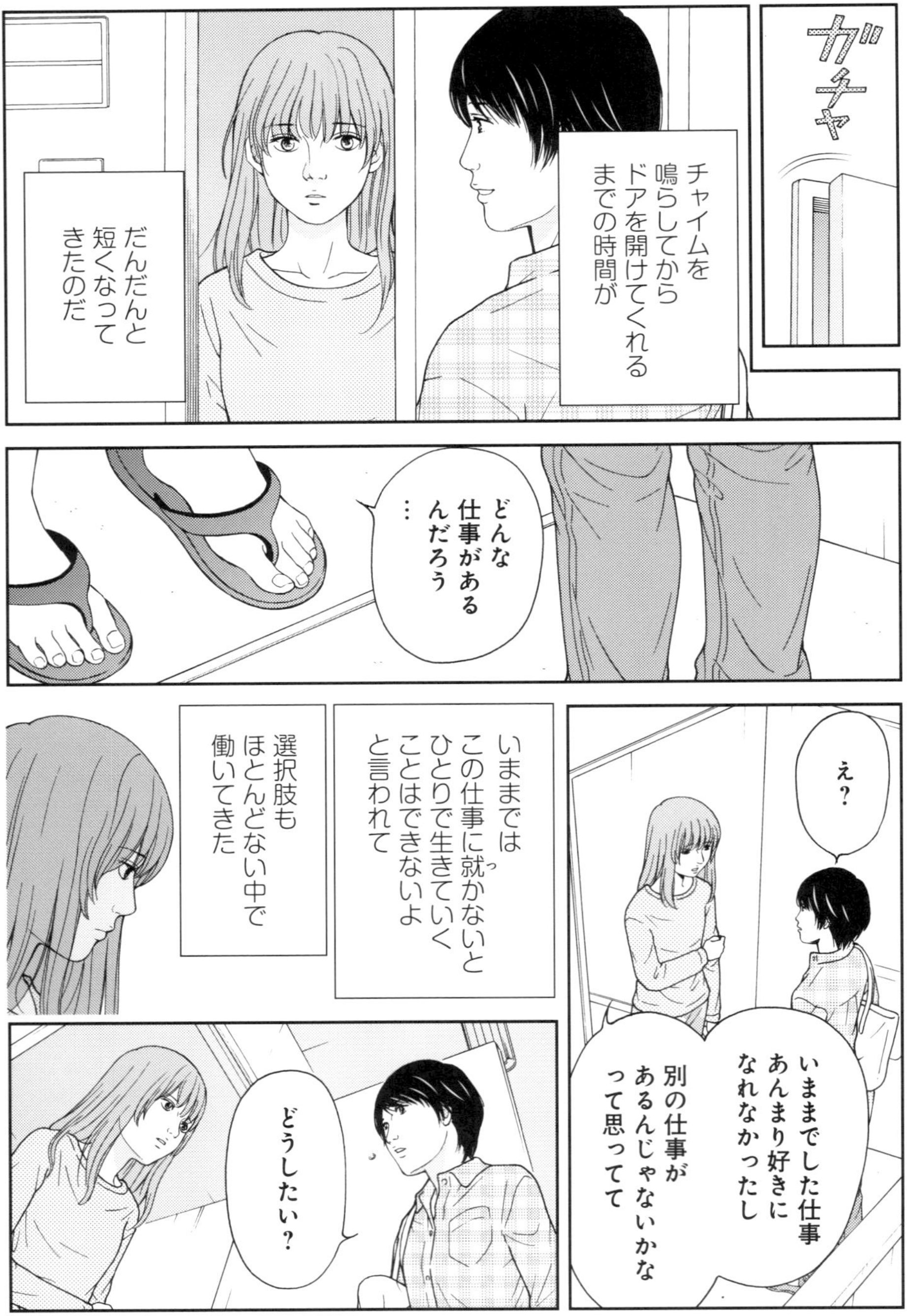
ガチャ
チャイムを鳴らしてからドアを開けてくれるまでの時間が
だんだんと短くなってきたのだ
どんな仕事があるんだろう…
え？
いままでした仕事あんまり好きになれなかったし別の仕事があるんじゃないかなって思ってて
いままではこの仕事に就《つ》かないとひとりで生きていくことはできないよと言われて
選択肢もほとんどない中で働いてきた
どうしたい？

世の中にどういう仕事があるのか知らないし
いまなら住む所があるし食べることもできるし…
そういうことゆっくり勉強したいなって…
ソラの体内にパワーが蓄積されてきた
傷が癒えるのを待っていたかのような生活で
自分と向き合う時間が何かを動かしたんだ…！
隣の市に若者サポートステーションがあるけど
行ってみる？
サポートステーション？

そう
サポステ
佐々生は
サロンの開設と
同時にサポステへの
見学と挨拶を
済ませていた
若者サポートステーション
サポステ
若者サポートステーション
県が運用する
この施設は
働こうとする
若者を丁寧に
サポートしていた
若者サポートステーション
まずひとりの
個別相談に
50分かけて
仕事や
働くことについて
相談に乗る
働けない
子どもたちには
心配なことや
知りたいことが
たくさんあるからだ
今日の講
仕事探しの基本
就活支援
明日の講座
就活基礎　全4回
相談と並行して
パソコンの基礎を
学んだり
コミュニケーションの
練習　模擬面接
などの講座が
用意されている
仕事場を訪問し
働く人を実際に
見て感じる
「職場体験」もある
……
行ってみようかな…

ソラ
9:31
サポステに
どの服着ていけば
いいと思う？
ソラ
9:32
お気に入りの
洋服がいいよ
9:40
既読
数日後
面接の日
佐々生はソラの
アパート近くに
車を停めた
はぁ…
10分過ぎた
出てこられる
だろうか
無理は
させたくない
心の中の桶に
エネルギーが
満ちていなければ
すぐに底を
ついてしまう
次の機会を
待とう…
コンコン
！

小さくて大きな一歩
ソラ極度に緊張してる
きょうはやめるって言うんじゃ…
どうぞー
面接官の島《しま》美知佳《みちか》です
こちらにお座りください

よく来てくれましたね
きのうはよく眠れましたか?
…はい
やった!返事ができた!
それはよかった
さえりさんはいつも何時ごろ眠るの?
あの…寝るのはたいてい明け方かな…
これまで仕事に就いたことはありますか?
仕事?あ…えーと…
ささおちゃんどうだっけ?

佐々生がこれまでのソラの仕事の説明をしサポートした
若者サポートステーション
食事はどうしてるの？
コンビニが近くにあるから…
お仕事してみて困ったと感じたことや
これから仕事を見つけるのになにか心配なことはありますか？
し…仕事が遅いって
上の人から大声で怒られていやだった
レストランで働いたときはお皿割っちゃって
すごく高いんだって怒られて給料から引かれたり
一緒に働いている人とどういう風につきあったらいいか全然わからないし

こ…高校出てないし
私は普通じゃないので
普通じゃないってどういうことですか？
母親は居るけど一緒に暮らしてないし
児童養護施設で育ったから
家庭っていうかそういうところで育ってないし…
“普通じゃないから”という言葉は他の子どもからも聞いたことがあった

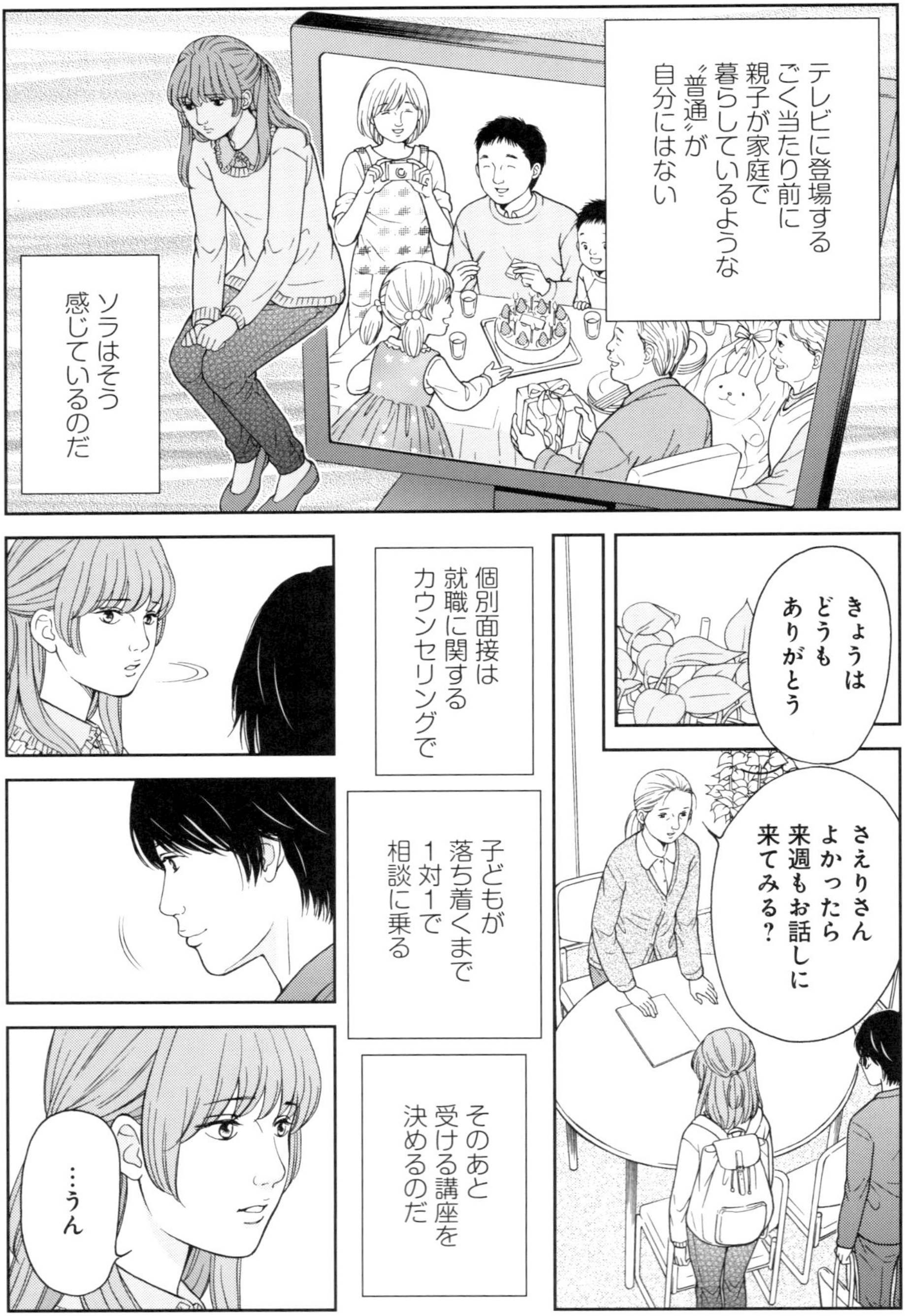
テレビに登場する ごく当たり前に 親子が家庭で 暮らしているような 〝普通〟が 自分にはない
ソラはそう 感じているのだ
きょうは どうも ありがとう
さえりさん よかったら 来週もお話しに 来てみる?
個別面接は 就職に関する カウンセリングで
子どもが 落ち着くまで 1対1で 相談に乗る
そのあと 受ける講座を 決めるのだ
…うん

でも……あの…私本名はさえりですけど
ソラって呼んでください
はい
あの
本人のペースでゆっくりと進んでいけるようによろしくお願いいたします
私どもも一緒に連携していきますので
サポート
若
ス

途中でリラックスしてきて
ソラが自分の気持ちを話し出したの
きょうの面接はソラの腑に落ちたように思う
無理に社会に繋《つな》ごうと思っても本人が困っていると感じたり
これでいいと思えないとうまくいかないものだよね
きっとソラちゃん外の世界に出たいと少しずつ思うようになっていたんだね

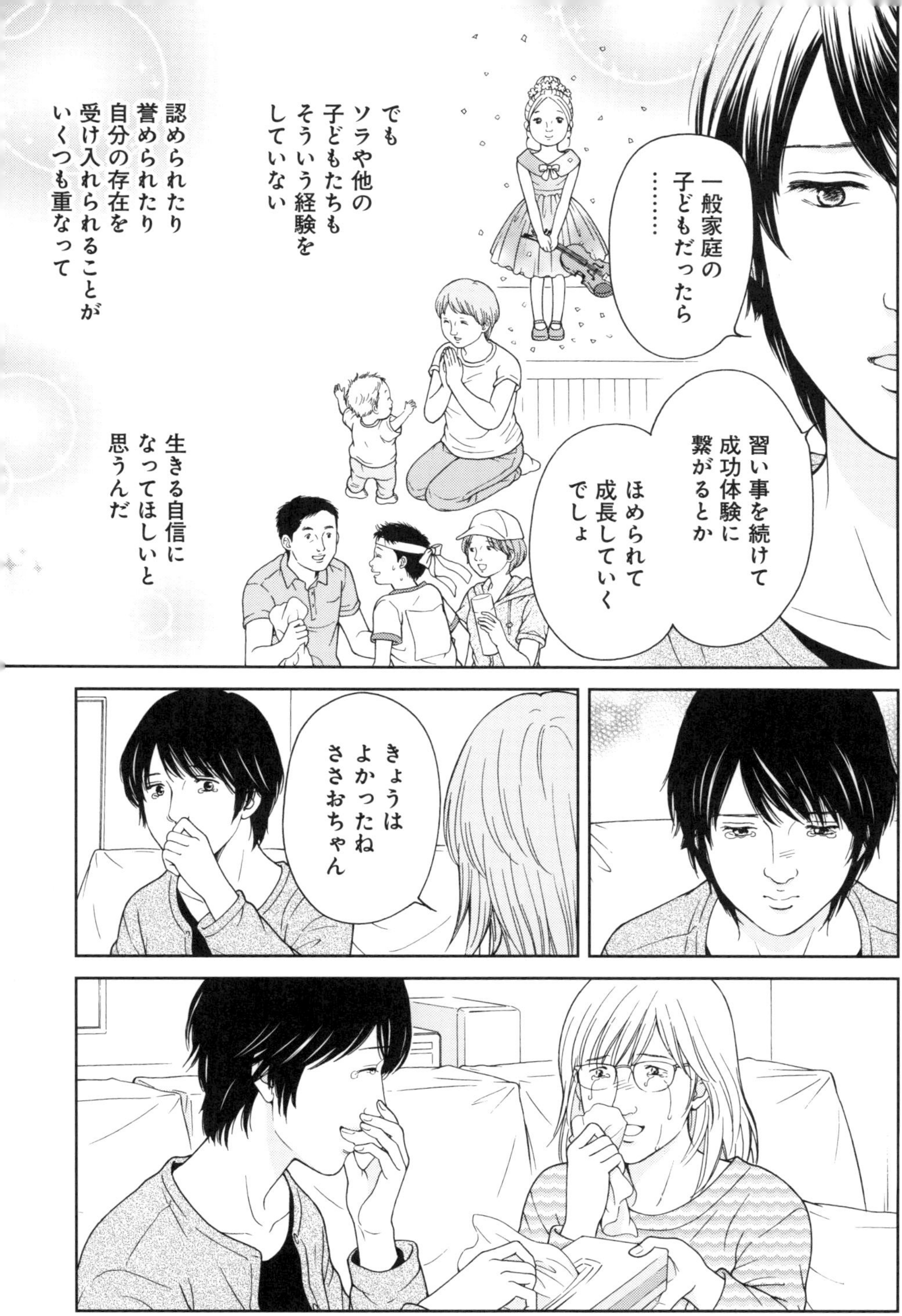

一般家庭の子どもだったら……
習い事を続けて成功体験に繋がるとか
ほめられて成長していくでしょ
でもソラや他の子どもたちもそういう経験をしていない
認められたり誉められたり自分の存在を受け入れられることがいくつも重なって
生きる自信になってほしいと思うんだ
きょうはよかったねささおちゃん

「ひとりの子どもを助ける」ということ
サロンの開所から1年になるのを記念して
夕方から夜にかけて心ばかりのパーティーが催された
Feel Free
1周年記念パーティ!!
佐々生たちスタッフと交流している子どもたちがつぎつぎに集まった
サロン一周年おめでとう
乾杯ー!
働き始めてからパーティーなんて初めてだ!
支援者から差し入れられた飲料と
美郷の手作りケーキをみんなで囲んだ
ねぇソラちゃんは?

きょうは来られないみたい
10か月になる子どもを抱いた瑠衣に
美郷が母親のように寄り添っていた
子育てを通して瑠衣が自分の過去と向き合うであろう長い道を共に歩くつもりでいた
ソラからはまだサロンには行けそうにないと返事があった
だがサポステに通ってパソコンの使い方を習い始めていた
家でできるアルバイトを探そうと島と話し合っているからだ
アルバイトをするにはインターネット上であれ相手と話さなければならない
直接会わなくても社会との繋がりができる
まずはそこから始められることを佐々生は喜んだ

サポステへはボランティアが送迎をサポートすることもあったが
バスを使ってひとりで通える日が増えていた
数か月前からは佐々生がアパートを訪ねることはほとんどなくなり
メールで自立を見守る体制になっていた
タクシー
キキッ
あれお客さんかしら
はーい
ガチャ

やっぱり来たくなっちゃって
家族で来た
ご家族?
うん
紹介するよ私のお母さん

さえりの……
あっ ソラの母親です
大変にお世話になりまして…
よく来てくれましたね…！
ソラちゃんお母さん！
さあ中へ入って！
義父と離婚したという話は聞いていたが
その後ソラは母親との関係を修復していたのだ
うわ居心地がいい

昔 お母さんにも こんなところが あれば よかったのにね
これからが 勝負…
虐待で亡くなった 子どものことは 報道で大きく 取り上げられる
だが命を 落とさずに済み 生き続けている 子どもたちが 大勢いることを
私たちは 忘れては ならない

彼らは育まれて
成長するべき
時間を失った
子どもたち
心の死を
経験したかも
しれないことを
知らなければ
ならない
自分を大切に
思えない子どもに
たくさん
出会ってきた
生きることや
命の大切さを
伝えようとしても
なかなか
伝わらなかった
揺るぎなく
長期間支える
人たちと出会い
1対1の
関係を作り
認められる
経験を
積むことで
自分を
大切な存在だと
思えるように
なってほしい
そうした支援は
子どもが大きくなって
からでもできるはず
虐待を受けて
育ったために
対人関係が苦手で
自分に自信が持てず
怒りのコントロールが
難しいなどで失敗を
繰り返してしまう

職場ではそのような
ことは許されず
トラブルに発展して
しまうこともある
それを自己責任と
決めつけ
非難するのではなく
「共に歩くよ」と
子どもに言える環境や
制度をもっと手厚く
作ることが大事なのだ
人は失敗を
繰り返しながら
大人になって
ゆく
誰もがそうで
あるように
ささおちゃん
あのね…
あの時私を
探してくれて
ありがとう…

この子どもたちのために私は働いていく
これから他の機関や人ともっと連携し
子どもが持つ可能性をできるだけ豊かにしたいと佐々生は思う
それはソラが〝里親になって〟と言ったことへの答えでもある
この時点で自立支援を必要とした子どもは35人いた
中にはサロンにたどり着くまでに路上生活をしたり
犯罪に手を染めたケースもあった
出《だ》し子《こ》となって警察に検挙された少年は
仕事を辞めて住む所を失い持っていた金が底をついたが頼れる人がおらず
犯罪組織の手先になっていたと佐々生たちに話してくれた

ひとりの子どもにいつまでサポートを続けるかは年齢で区切れない
必要な間はサポートしていくつもりでいる
佐々生は支援コーディネーターという肩書のもとサロンを運営していく
信頼を置いている美郷は佐々生をサポートしていくスタイルをこれからも維持していく覚悟を決めている
他のスタッフと共に——
ピンポーン

120年後の約束　おわり

『120年後の約束』のコミックス化に際して

医学博士・前橋赤十字病院小児科副部長 溝口 史剛

120年後の約束を見つめて
―子ども虐待のない世界に―

2019年「officeYOU」1月号掲載

2018年3月3日、日本小児科学会主催で、初の試みである「小児死亡時対応講習会」が品川で行われた。その前日の3月2日に5歳の少女が虐待によって短い生涯を閉じた、との第一報を我々は皮肉にもその現場となった目黒区を管轄する品川児童相談所管内で耳にしたのである。転居前に関わりを持っていた香川県は、他県からも視察が行くなど、先進的な多機関連携体制を敷いていた〝はず〟であった。しかしながら実際には、あの子の「家に帰りたくない」という小さなSOSも、医療機関からの「施設入所を積極的に検討してほしい」という声も届かず、転居後にも悲痛な思いで届けたはずの医療機関からの声もかき消され、あの子の未来は永遠に閉ざされることとなった。

少女の残した手紙が後に公表された。日本中の大人たちの心は揺さぶられ、このような悲劇を減らすために何かできないか、という動きが確実に生じた。それから半年が経った。「怒り」でも「悲しみ」でも「焦燥感」でも、どのような感情で

もいい。多くの大人たちの中に宿ったその小さな灯は、集まりしっかりと安定した火柱になったといえるであろうか？　それとも「そういえばそんなことがあったな」と喉元を過ぎて消費されてしまったであろうか？

諸外国では同様の悲劇的な出来事が生じた場合、しばしば「通称、○○ちゃん法」のような法律が作られる。その原動力となるのは、常に市民の声である。

“A nation's shame（国家としての恥）”：これは米国で草の根的に広がった、子どもの死亡を詳細に検証する取り組みである「チャイルド・デス・レビュー※」の、各州の実施状況を米国政府がまとめた報告書の副題である。元来健康に生まれた子どもが死ぬ。このような事態の発生を許すことは「地域社会の恥である」という感覚を我々はどの程度持っているであろうか？　親や児童相談所を責めるだけにとどめ、蓋をしてしまってはいないだろうか？

2020年の東京オリンピックに向け、新国立競技場の建設が進んでいる。その建築予算は約1，500億円である。一方、平成30年度の児童虐待防止対策関係予算も約1，500億円である。もちろんスポーツの持つ経済効果は大きく、長期にわたり使用され、子どもに夢を与え続けるこのような施設は国家にとり、間違いなく必要である。ただ虐待という「病理」に苦しむ子どもやその家族と日々接する立場として、そしてマンパワーの少なさから自転車操業するしかなく、日々疲弊していく福祉職員の姿を見るにつけ、圧倒的な無力さを痛感し、子どもらしく子ども時代を過ごすことが許されない小さき存在に、国家がいまだ全力を尽くしてはいない、と申し訳ない気持ちに苛まれる。

「きょうよりもっともっとあしたはできるようにするから　もうおねがい　ゆるして　ゆるしてください」

我々は国民主権の民主主義の世界に生きている。子どもたちの未来を守るためどれだけ国家が動くべきか

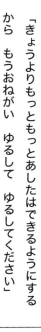

を決めるのも、我々自身なのである。あの子の声は我々の心にしっかりと届いた。どうかあの時感じた心の痛みを持ち続けてほしい。そうすることで、大人に届くメッセージを発することも出来ずにひっそり亡くなった、声なき子どもたちの声も聞こえてくるようになるであろう。そのような大人が増えることで、未来はきっと変えていけるはずである。

※チャイルド・デス・レビュー（Child Death Review；CDR）

子どもの死亡を全例登録・詳細に検証し、将来的な子どもの死亡を予防するためのデータを蓄え、それらを有効に機能させるための制度。欧米などではすでに法制化されているシステムであり、大切な子どもの命を「予防可能な死」によって失わせないため、日本でも法制化が急がれる重要な制度と考えられている。

はじめに

冒頭に示したコラムは、本作が月刊誌「ｏｆｆｉｃｅＹＯＵ」に連載された際に掲載されたものです。連載の企画段階で発生したこの目黒の事件は、コミックスの出版を迎える段階で、両親それぞれに第一審で有罪判決が下りました。裁判の過程で漏れ伝えられるマスコミの情報を耳にして加害者や、対立的（検察と弁護側で全く異なる主張をぶつけ合う）で判例主義的（刑期が〝相場〟で決まる）に進む裁判制度に、強い憤りを抱いた方も多かったかもしれません。それは人として当然のことですし、自然に沸き起こる圧倒的な感情に基づく意見も、社会においては重要な意味を持つでしょう。しかし同時にその感情を制御し、虐待に苦しむ子どもを減らしていくためのシステムを少しでも成熟させていくためのエネルギーに変えていくことでしか、あの子の死に報いることはできません。

ひとりの人間には二回の死が訪れるとされています。一度目は肉体的な死、二度目は人々の記憶の中から消え去り、誰からも思い出されなくなった時です。連載から本書の発行までのごく短時間の間にも、あの子だけではなく、我々の感情を大きく揺さぶる虐待死の事件は起き続けています。虐待死の可能性に蓋をされ、皆さんの耳に届くことなくひっそりと亡くなった子ども達は、さらに数多く存在しています。一時の感情ではなく、どうかこの虐待の問題に関心を持ち続けて欲しいと思います。どうかあの子たちをもう一度殺さないで欲しいのです。

二十歳《はたち》を迎える日本の虐待対応

本書の原作チームであるYOU《ユー》 biz《ビズ》は、社会が虐待の存在を否認していた1990年代にセンセーショナルを巻き起こした『凍りついた瞳《め》』というコミックの原作者である椎名篤子さんと、担当編集者であった有馬弥生さんを中心として結成されたチームです。当時、このコミックは国会議員に回し読みされ、2000年の児童虐待防止法の成立の大きな原動力になりました。監修者の溝口は1999年に医学部を卒業していますので、児童虐待防止法の設立前に医師になった最後の世代ということになります。まだ若く何の影響力もなかった研修医時代に、医局の当直室のベッドサイドにさりげなくこのコミックスを置き、医局員の意識改革を願ったことが虐待への取り組みの最初の小さな第一歩でした。その当時に、この『凍りついた瞳』の正当な続編と言える『120年後の約束』の監修依頼を受けるということは全く予想だにしていませんでした。

本邦の子ども虐待防止への取り組みの萌芽は、1990年の児童虐待防止協会の設立ということが出来ます。この協会の中心となった日本子ども虐待防止学会の前理事長で小児科医の小林美智子先生は、虐待への社会的な取り組みはどの国でも以下の6段階で進んでいくと指摘しています※1。

第1段階：虐待の存在を無視し続ける
第2段階：虐待（身体的虐待）の存在に気づく
第3段階：〝ひどい〟親からかわいそうな子どもを積極的に分離、そのための法や制度を整備
第4段階：親も子ども時代に被虐待児であったと分かり、援助対象として見直される
第5段階：大人になった被虐待児からの問題提起で性虐待の存在に気づき、その多さと心の傷つきの深刻さを知り、社会を挙げて取り組む
第6段階：しかし虐待の治療は難しく、予防こそ重要だと気づく

２０００年に成立した児童虐待防止法は、２０２０年で〝はたち〟を迎えます。一人の子どもが生まれ成人していくこの20年という月日の中で、私たちの社会は子ども虐待への対応システムをどこまで成熟させることが出来たといえるでしょうか？

人は暴力と支配から自由になれるのか？ ―発達理論からの考察―

教師までもが、集団で立場の弱い一人の人間をターゲットに、平気で人権蹂躙を行ってしまう世の中です。他者への支配欲や暴力性は人が持つ根源的な問題であり、虐待を無くすことなど不可能だと捉え、３世代１２０年後に虐待を無くすことを謳った本書を「夢物語」と感じる人は、少なくはないかもしれません。しかし愛され護られ、子ども時代を子どもらしく過ごすことが出来た人が、暴力と支配に縛られない人生を送ることが出来る可能性が高まることも、また明白な事実なのです。

乳児期から幼児早期に十分な愛着を受けたならば、人に対しての「基本的信頼感」が育まれ「希望」を獲得します。幼児期前期に家庭内で基本的習慣を身に着けることができたならば、「自律性」が育まれ「意思の力」を獲得します。幼児期後期に、家庭外への探求心が満たされたならば、「自主性」が育まれ「目的意識」を獲得します。学童期に勉強習慣を身に着けることができたならば、「勤勉性」が育まれ「自己効力感（努力は報われ、自分の人生は自分で切り開くことが出来るという感覚）」を獲得します。そして思春期から青年期に、自分とは何者であるのかという問いに一定の答えを見出すことが出来たならば、「自己同一性（人生の軸となる確固たる自分）」が育まれ、他者と適切に繋がり社会で一定の役割を果たすための「忠誠心・誠実性」を獲得することが出来るのです。

これらの発達課題を首尾よく獲得することが出来たならば、大人になり特定のパートナーと安定した「親密性」を構築することができ、強固で安定的な「愛」を獲得することが出来るでしょう。しかし各発達課題はそれぞれ、その前段までの発達基盤に支えられて獲得が容易になりますが、一方で課題が積み残された場合には、その獲得が困難になります。各段階で、親からの虐待など、その獲得を損ねるネガティブな働きかけがあまりに甚大であった場合、課題の克服に至らず「根本的不信感」→「恥・猜疑心」→「罪悪感」→「劣等感」→「同一性拡散（自己役割の混乱）」に苦しみ、成人期以降にもろく不安定で「孤立」しやすくなってしまうのです。

支援者としての矜持と葛藤を抱えながら

他者を信頼出来ず関わりを被支配と感じ、ＳＯＳを出すことを恥と捉え、親からも他者からも価値を認められずに自己役割を獲得できず、真の苦しみを分かち合える心の支えを欠いた状態は、想像を絶する苦しみといえるのではないでしょうか？　そのような状況下で子ども時代を生き抜き、生きづらさを抱えながら大人になって家庭を持った際に、自身のよりどころを過剰に家族に求め、虐待をエスカレートさせていく親御さんたちに対し、すべてを自己責任と切り捨て、「大人になり切れない大人は、子どもを育てる資格がない」と糾弾しさらに追い詰めることもまた、暴力的と言えるのではないでしょうか？

「行ってしまった行為に対し、毅然と対応する必要はあっても、その親御さんの存在そのものを否定してはいけない」…これは虐待対応で問われる根本的姿勢です。監修者もそのことを頭で理解しつつも、子どもに生じた影響が甚大であればあるほど感情が追いついていかず、どうしようもないむなしさや、憤りという黒い感情に支配されそうになってしまうことは、経験を重ねた今でも排斥できません。このことも、決して完璧にはなりえない私たち人間の弱さの証明なのでしょう。しかし一方で、苛烈な子ども時代を過ごしながらもレジリエンシー（逆境を克服する力）を発揮し、暴力や支配の連鎖を断ち切り、輝きを放ち続ける若き父親・母親と出会う度に、「人間の持つ底力」を感じ勇気づけられています。人を壊すのも、人を救うのも、人間なのだとつくづく感じています。

世間の耳目を集めた最近の事件の被害児の名前に共通して「愛」の文字が入っていたことにも注目が集まりました。最悪の結果を迎えた何の救いもないと思える事例であっても、その名付けの背景には、「強固で安定した愛」への渇望と、生まれ出でた子どもが幸あらんことへの祈りが込められており、また確かに彼／彼女たちは、たとえほんの瞬間であったとしても、自分たちなりに親になろうともがいた事実はあったのです。真っ暗闇の中でほのかな光を見出す能力こそがレジリエンスの本態であるのならば、私たちは「すべての家族はそのような種火を持っているはずだ」と信じる力が必要とされます。そして、その吹けば飛ぶような種火をあらゆる雨風から護り、安定した火に育つことをしっかりとサポートするためのスキルを磨き続けなくてはならないのです。

「愛のおすそ分け」こそが鍵である

人間関係の親密さにおける「5-15-50-150-500の法則」をご存知でしょうか？　最初の5は精神的支えになってくれたり、困ったときに助けてくれる人の数。次の15はシンパシーグループと呼ばれる、その人が亡くなったらひどく悲しむような人の数。その次の50は、比較的頻繁にコミュニケーションを取る人の数。150はダンバー数と呼ばれる、ヒトの脳の大きさでほぼ規定される、顔と名前と性格をしっかり一致できる、実質的に意思疎通ができる人の数であり、その上の500は、なんとなくでも覚えていられる人の数とされています※2。

子育て支援とは、その人にとっての5や15になることを意味します。現在の児童相談所の一人当たりの担当ケースの数は平均約50ケースであり、都市部では100件近くを担当する職員も珍しくなく、人間の限界をはるかに超えています。そのような状況下では、「通告」に対応し職員が動いたとしても、それは安全の機械的確認にとどまり、関係性構築に至る余裕はなく、行政としてよそよそしく行う〝業務〟にならざるを得ません。そのことはかえって、関わった家族の孤立感を深めることになりかねないのです。

「仕事としておざなりにではなく、人として向き合ってくれ、通じ合うことが出来た」

このような体験こそが内面にあるレジリエンシーを育む力に繋がっていくのです。とりわけ子ども時代に、その子のことを心から信じ、待ち、差し伸べた手を簡単に引っ込めることなく、細くとも決して切れずにつながり続けてきた人物が一人でもいれば、たったそれだけで、人は崩れずに生きていくことが出来るのです。
加害者を責めても、児童相談所を責めても、何も変わることはありません。地域社会に住む一人一人の150の中に気になる親子がいた場合に、その親子の5や15になるように積極的に働きかけることは誰しもができるはずであり、それこそが行政サービスでは提供しえない、強固な救いの〝蜘蛛の糸〟になるのです。そのような蜘蛛の糸が張り巡らされ、強固な蜘蛛の巣（セーフティーネット）が地域で構築できれば、虐待は確実に減らすことが出来るのです。
「愛」は自然に降ってくるものでもなく、自力で獲得した戦利品でもなく、誰かがあなたに与えようとして渡されたバトンにほかなりません。そのバトンを正しく皆がつなぐことが出来たならば、そして自分の周囲にバトンを受け取り損ねたと感じる人がいた場合に、皆がやさしく手を差し伸べることが出来たならば、１２０年後には虐待を、現在の麻疹（はしか）のように〝かつて猛威を振るった過去の病気〟とすることは必ずやできるはずなのです。

※1
小林美智子.どう関わるか 子ども虐待ー今後の展望. 小児科臨床.2007,60(4), P.853-866.

※2
Paul Adams. Grouped: How small groups of friends are the key to influence on the social web. 2011. New Riders Press.ISBN 0321804112

企画・原作●YOU biz

YOU biz
2016年に立ち上げた子ども虐待防止に関する情報発信を目指す編集・企画チーム。1994年から女性漫画誌「YOU」で連載された『凍りついた瞳』に関わったスタッフで構成される。
原作は椎名篤子。
『凍りついた瞳』シリーズの原作を手掛けた作家、フリージャーナリスト。ささやななえ氏により漫画化された同シリーズは「子ども虐待」の存在を顕在化させ、2000年の児童虐待防止法の立法の原動力となった。著書は『「愛されたい」を拒絶される子どもたち』（集英社文庫）など多数。

作画●高倉みどり

北九州市出身。
「月刊少年マガジン」で、料理の道を究めようとする主人公を描いた『旬〜味彩の匠〜』、「good!アフタヌーン」で、職場でのトラブルに心理学で切り込む『平松っさんの心理学』（いずれも講談社）などを連載。リイド社で時代劇なども手掛け、ジャンルをこえて幅広い漫画を執筆中。
本作が、女性漫画誌初の連載作品となる。

監修●溝口史剛

医学博士・前橋赤十字病院小児科副部長。群馬大学および埼玉医科大学非常勤講師。
2012年より群馬県児童虐待防止医療アドバイザー。日本小児科学会認定小児科専門医。日本小児科学会子どもの死亡登録・検証委員会前委員長、日本子ども虐待医学会評議員、日本子ども虐待防止学会代議員、日本SIDS・乳幼児突然死予防学会評議員などを務める。子ども虐待防止に関わるさまざまな書籍を翻訳・監修。最新刊は『虐待にさらされる子どもたち：密室に医学のメスを－子ども虐待専門医の日常』金剛出版2019年12月末発売予定（監訳）

120年後《ねんご》の約束《やくそく》

2019年11月30日　第1刷発行

著　者　YOU《ユー》 biz《ビズ》
　　　　高倉《たかくら》みどり

発行者　日野義則
発行所　株式会社　集英社クリエイティブ
　　　　〒101-0051　東京都千代田区神田神保町2-23-1
　　　　電話　03-3288-9824
発売所　株式会社　集英社
　　　　〒101-8050　東京都千代田区一ツ橋2-5-10
　　　　電話　販売部　03-3230-6393（書店専用）
　　　　　　　読者係　03-3230-6080

デザイン　伊藤みわこ（エスジェイピー）
印刷・製本所　中央精版印刷株式会社

ISBN　978-4-420-31086-4　C0095